庫

世界ぶらり安うま紀行

もっとも安い食べ物が、もっともうまい

西川治

筑摩書房

目次

気持ちのいい朝食 13

楽しい昼食は、いつも街の中にある

甘いおやつと飲み物の効果は絶大

思い出深い夕食、旅の醍醐味　219

世界ぶらり安うま紀行　もっとも安い食べ物が、もっともうまい

写真　西川　治

気持ちのいい朝食

民宿の朝食に出てきた塩鯖

韓国＊安東

韓国の安東市河回村《ハフエマウル》という「民族村」の広場にある食堂で、昼にチャミスルを飲むのに、酒の肴に何かないかとメニューを見ていた。ハングルだけではとても分からないが、河回村は世界遺産に指定されたせいだろう、英語のメニューもあった。その中に鯖らしきものを見つけた。

traditional つまり「伝統的な魚」とある。鯖に塩をしたものらしい。この旅ではほとんど肉ばかり食っていたし、食べてみようと注文した。

出てきたのは、こんがり焼いた塩鯖であった。

これは「カンコドゥンオ」という料理だと聞いた。

この村は海からかなり遠い。海から安東まで八〇キロ。安東から河回村までタクシーで三〇分以上かかるから、おそらく二〇キロはある。鯖に塩をして、その距離を運搬しているうちに、塩が染み込み熟成するのだろう。

日本にも、福井の小浜から京都までの鯖街道というものがあるが、若狭湾でとれた鯖に塩をし、小浜から天秤棒に担いで京都まで七六キロの道程を運んだのだ。

車もない時代に歩いて京都まで運んでいるうちに、塩が充分になじんでいったのだ。

鯖のとれる海から安東までの八〇キロ、小浜から京都までの七六キロ、似たような距離だ。

カンコドゥンオの身を細い真鍮の箸でつまみ、箸を置く。スカラックでパップをすくい口にする。再び、箸を取り、塩鯖の身を食べ、そしてスカラックでパップを食べる。本当は、塩鯖をご飯の上にのせ、ご飯茶碗を手にしてそのまま箸で飯をかきこみたい。しかしそれは韓国ではお行儀が悪い

のだ。

ここの塩鯖は、漁村で二日ほど塩をしてから、この村に運ばれてくるらしい。日本の塩鯖より発酵しているのか、趣が少しばかり違うがやはり白いご飯によく合う。

韓国では、朝の食卓に何種類もの料理が出てくる。ぼくが泊まった民宿でも、ミッパンチャン（前菜）が四種類は出てくる。

今朝も、さまざまなおかずが大きな盆に乗っていた。

味噌汁には、ミョンテ（干鱈）と、干してしんなりした白菜がたっぷり入っている。韓国は干鱈か、煮干しで濃い出汁を取る。ここには鰹節を作るという手法はない。

味噌汁の横に薩摩揚げのようなものがある。チョンガキムチ（大根のキムチ）、白菜のキムチの二種類のキムチ、それに塩鯖、バップ（ご飯）などである。

この塩鯖は昨日の昼に食べているから、驚きはしないが、初めて口にしたら、あまりにも食べ慣れているので、かえって奇異に感じたろう。

ここの餃子が北京で一番うまいんだ

中国＊北京

さすがに朝食は食べる気がしない。ヨーグルトを買ってきて、朝食はそれだけにして、昼食のために胃袋を休めた。

この数日、朝昼夜と腹一杯食べていた。だからといって、食べたいという気持ちが失せたわけではない。常に食べている状況に疲れただけだ。

目が覚めている時間の大半を、牧草地にいる羊や牛のように食べ続けていた。

とにかく中華料理だ。日本料理のように小皿にちょっぴりというのではなく、一皿のボリュームも相当なものだ。

一度に食卓に供されるのは少なくとも六、七皿、時に一二、三皿にもなる。一皿を少しずつなんて思っていても、つい食べてしまう。

朝昼夜それでは、大変なことになる。

一〇年ほど北京に住み、建築のプロデュースをしているナベちゃんが、「どうしても食べてもらいたい」と言っていた餃子屋へ、一一時に行くことになっている。とにかく週に一回は、食べに行くらしい。

「喜気洋洋　餃子」という店である。

食譜（メニュー）を見ると、すべて水餃子ばかりで、焼いたり、蒸したりしたものはない。その他も凝った料理ではなく、どの家でも普通に食べられているような料理だ。

いろいろな野菜餃子が基本であり、そこに猪肉、牛肉、羊肉などを選んで混ぜるという仕組みになっている。中国にいるイスラム教徒は、猪肉いわゆる豚肉は食べない。

店の奥にガラス張りになっているところがあり、その中で六、七人の若い女の子が、鮮やかな手つきで餃子を包んでいる。

あっという間に平たいトレーに一杯になる。すぐ後ろの沸騰している大鍋に入れる。浮き上がって来るとそれをすくいとり、白い皿に盛る。

一皿に盛るのは、六個、一二個が基準だ。ゆであがると、ウェイトレスがその皿をすみやかに食卓に出す。

皮は日本のように薄くはなく、ぼったりと厚い。それが皿から溢れんばかりに盛り上がり、ぴかぴか光っている。白いというより、健康な若い人の歯のような象牙色だ。

日本では、戦後、中国や満州から引揚げてきた人たちが、餃子とラーメンの店を出した。それが、広く食べられるようになった。

しかし、当時は小麦粉も手に入りにくい。

なるべく薄くし、同じ量の小麦粉でより多くを作ろうとした。一方、小麦や雑穀しかとれない東北中国では、皮をたっぷり厚くし、腹の足しにしたのはうなずける。

日本では、薄いのが上品で本場の餃子だろうと錯覚している。中国でも、金持ちの家の餃子の皮は、庶民の家の餃子より薄いと言われているらしいが。

そもそも中国では、おかずではなく主食であるから、肉団子のように皮はあつぼったい。具よりも、皮づくりで餃子のうまさが決まると言っても過言ではない。だから、日本では餃子の皮を買うというと、目を丸くして驚いていた。

ぼくらは四種類の餃子を注文した。酸菜猪肉餡餃子（酸っぱい漬け物と豚挽き肉の餡）、金針茹羊肉餡餃子（金針花をゆでたものと羊肉の挽き肉）、冬瓜猪肉餃子（冬瓜と豚肉の挽き肉）、蚫魚餡餃子（アワビをきざんだもの）である。やや小振りだが、一皿一二個である。

これで充分だろうと思っていると、通訳の呉菊花《クーウジューフア》が、「中国人なら二皿、二四個は食べるよ」と言った。

「あなたも、いつもそんなに食べるのか」と聞くと、「もっと食べるよ」と言って笑った。

菊花は小柄なのに、アシカのようにほとんどかまず、どこに入るのか、白くつやつやした餃子が次々と口の中に消えていった。

現在でも、中国では正月料理に餃子はなくてはならないものだ。

中国東北・旧満州地方では、正月だけでなく、冠婚葬祭、また、除夕・大晦日に一家総出で作り供される。

特に正月の三日間から五日間は、一家で朝食には必ず餃子を食べることになっている。この地方の習俗として、接神の儀式が終わると、それぞれ餃子を五個ずつ気持ちを引き締めて食べるのだが、その時、口に入れるまでに皮を破ったり崩したりしたら、「今年一年中、あまりいいことがない」ということになるらしい。

それから、おもしろいことをする。餃子を包む時に中身に銀貨やウズラの卵を、金持ちは、宝石をこっそりと包み込む。咬春《ヤオチュン》といって、おみくじのように楽しむようだ。その反対に、刻んだ唐辛子をたっぷり包んだり、具をゆでた麺にしたりというういたずらもする。それを食べて、人々は一喜一憂するのだ。

こういういたずらというか遊びは、ヨーロッパでもある。クレープやケーキに小銭を入れたりするのだ。世界中で、同じようなことをするものだ。

「寝るに過ぎたる楽はなく、餃子に勝るうまいものはない」と、菊花が自分のほっぺたのような餃子を箸でつまみ、もう二皿も平らげながら言った。

「三個」と言うと、「少ない」と言われる

中国＊北京

食べ物屋の並んでいる通りを歩いていたら、路上で「饅頭」を焼いている。その周りに六席ぐらいのテーブルがあり、そこで食べている客の前におかれている丼に、いくつかの饅頭が入っていた。

次々と焼き上がると、ピラミッドのように積み上げていく。

直径五センチぐらいである。

客が、それを一口にパクリパクリと頰ばっている。その食欲の旺盛さに感動するぐらいだ。人が食べているのを見ていると、こちらも食べたくなる。いつものクセだ。「いくつにするか」と言うから「三個」と言うと、「少ない」というようなことを言っているようだ。ならばその倍にし、六個の饅頭を注文した。

ほとんどの客は、その饅頭と一緒に、丼に入っているスープのようなものをすすっている。

とろりとした液状である。米粒のようでもあるが、ほとんど粒は見あたらない。それも、食べてみる気になった。

饅頭を割ってみると、ニラと挽き肉が入っていた。

そいつを六個すべて平らげた。しかしスープというか粥は、半分ほど残してしまった。さすがに腹に入らない。小さなノートをとりだして、食べているものを指さして「なんだ」と聞くと、「緑豆粥」とそこに書いてくれた。

すべてで三元だった。

ぶらぶら歩いていると、大きな釜でうどんのように太い麺を茹でていた。

その麺の長いことに、びっくりする。ゆであげたやつをつまみ上げると一メートル

以上もある。とにかく中国の麺は、短くてはまずい。

短いものは、縁起が悪い。長寿のシンボルとして、祝いごとに必ず供されるぐらいだ。この麺を次の日に食べた。

この辺の飯屋には、いろいろなおかずがあるが、粥の他にはご飯を食べている人は少ない。

とくに朝食は、ほとんど小麦を使ったものばかりだ。北京は、小麦を食べる粉食地帯に入る。

北は水も少なく、気温も低い。農業技術も進んでいない頃は、稲作は適さなかった。小麦、稗《ひえ》、黍《きび》、粟《あわ》、高粱《コーリャン》ということになる。

孔子の時代は、黍が米よりも尊い穀物であった。孔子が食べていたのは、黍飯である。

時代が進み、流通もいろいろと容易になったが、それこそ中国四千年だ。いろいろな穀物がいつ中国にもたらされたか分からないが、長年の食生活をそうやすやすと変えるわけもない。

南の人が小麦を口にするのは、麵や点心ぐらいだ。三食とも米を食べたい。ご飯がなくてはならない。そうなると、当然、料理はご飯に合うものとなる。

北京などの北の方では、小麦粉を使った粉食だから、それにあうように湯《タン》（スープ類）が多くなるのもうなずける。

胃にやさしい慈悲深いフォー

ベトナム＊ハノイ

ハノイの朝は早い。

まだ薄暗いうちから安宿の壁を突き抜け、バイクの騒音が聞こえてくる。

ぼくも朝は早いほうだ。シャワーを浴びて、外に出た。

音のすごさもさることながら、信号のない車道をつっ走っていくバイクの群れ。さて、どのように向こう側へ横切ればいいのか、一歩が出ない。への字のように曲がった天秤棒を担ぎ、市場から戻ってきた女の人が、さっと踏み出しバイクの川にとびこんでいき、ヒョイヒョイと渡っていってしまった。ならば、と。だが、ぼくの足は前に出ない。


ハノイの初めての日は、細かい雨が降っていた。傘をさすような雨ではなかった。

ある一軒のフォー屋に入った。両手を広げれば両方の壁につきそうなほど狭い。

入口に、白いフォーが笊《ざる》に盛られ、その横にゆであげられた鶏が丸いまな板の上に転がっていた。いつも見慣れているブヨブヨの白い鶏でなく、黄色くいかにもしまった筋肉の鶏だった。その後ろでスープの湯気が上がっていた。横のコンロに湯がたぎっている。客が来ると、何も言わずおばさんがフォーをゆで、さっと丼に入れる。こ

このフォーは一種類だけだ。

フォーは、米の粉で作られた麺だ。湯に潜らせるほどで火が通る。

丼にフォーを入れ、スープを注ぎ、鶏肉を薄く削りのせる。

ぼくは軒下のテーブルについた。テーブルは低い。当然、椅子も、日本で言うなら風呂屋の椅子のように低い。へたをすると、後ろへひっくり返りそうになる。

すぐに丼に入ったフォーがきた。テーブルの上には発酵したどろりとした唐辛子、薄切りの生の唐辛子、生のモヤシ、ドクダミ、ニョクマム（魚醬）などが置いてある。それぞれ、好きな調味料を入れて味つけをして、野菜をのせ食べている。ぼくも、もちろんそうした。

次の日から、朝はいろいろなフォーを探して、バイクの喧騒に驚きながらも街を歩き回った。フォーにも何種類かある。フォー・ガーは、鶏が入っている。フオー・ボには、牛肉が入っている。その他に、タニシが入っているもの、野菜や油で揚げた香りのいいピーナッツ入り、チャゾー（揚げ春巻き）入り、スジ肉を煮たものが入っているもの、さまざまだ。

腰のつよい小麦粉の麺とは違い、米の粉でできたフォーはとろりと胃にやさしい。スープも爽やか。街角でみんなと食べるのは気持ちのいいものだ。

朝から「蟹、食べよう」　ベトナム＊ニャチャン

しばらく黙ってついてきたハンさん（ガイドさん）は、店の前のゆでた蟹を見ていた。突然、「食べよう」と言った。ぼくも食べてみたい。「それはいいなァ」と言うと、彼は、蟹を食べていた客の間に座った。

蟹の赤い色は、本当にうまそうな色だ。蟹をほじくりながら、飯を食った。本当は酒といきたいのだが朝からは……、この辺にはビールぐらいはあるだろうが、これから港を歩かなくてはならない。でも、この炎天下だからビールは飲みたい……と迷っていたが、目の前の蟹を口にしたら、ビールのことは忘れてしまった。アルコールなしもなかなかいい。

白い飯で舌を蘇生させ、白い淡白な蟹の身を食べる。それにニョクマムとチャインのタレのよさで、ますます飯がうまい。

この蟹は、皇帝蟹という種類である。もっともうまいと言われているここ、ニャチ

ヤンでは、フォンデという。いくつ食ったろう。

背中を外した中の味噌がやはりいい。日本なら、ここに熱燗を注いで、といきたいところだが……。箸でほぐし、なめるように食べた。

蟹の足をほじくり食べるのは、普段なら面倒くさいのだが、どういうわけか、のんびりと海など眺めながら、何度もほじくり出しては細長く白い身を口にしていた。八杯食べた。ハンさんも六杯食べた。蟹の甲羅、殻があたりに散らばっている。

一万ドン払った。その時のレートでは一〇〇円だ。その国の金を日本円に換算して考えるのは好きではない。なるべくその国の物価やその国の給与で、考えるようにしている。しかし、ついどうしても、「これだけ食べて一〇〇円か」と考えてしまう。うれしくなってしまう。

だからといって、一万ドンは、ここに住んでいる人にとっては、大きな金額であるはずだ。しばらくして、八杯も食べたことに後悔した。みんなはせいぜい二杯か三杯である。そして飯を腹いっぱい食うのだ。

「蟹は、どこからとってくるのかなあ」とハンさんに言うと、おばさんにベトナム語で聞いてくれた。

「市場から」とおばさんは言った。

まだ、蒸されていない蟹が、おばさんの後ろの箱の中でガサガサ動いていた。でも、昼ごろには赤くなっているだろう。

腹一杯になった。少し横になりたい。風の通る路地をおりていくと、高床式とでも言うのだろうか、海岸線に無数の杭を打ち込み、その上に建てた家が並んでいる。暴風になり、強い波がきたら、あっというまに押し流されるのではと思われるほど華奢だ。それに、波打ち際すぎないだろうか。支えている柱は、橋桁のように波に洗われ白い貝殻などが付着している。家と家の間に見える波が、ゆっくり動いていた。

潮が引き、乾いた砂地の上に横になった。眠たい。

漁港で食べた明石焼き

ベトナム*ニャチャン

朝早くから、港はにぎわっている。

ニョクマムの材料になるコーカム（五センチくらいの小魚）だけではなく、近くの街や農村へ売りにいく魚を仕入れるノンをかぶった女たちでいっぱいだ。

漁師たちは、ひと仕事を終え、腹ごしらえをしたり、茶を飲んだり、大きな尺八のような水タバコを、ピルピルふかしたりして、のんびりしている。

働いているのは、氷を砕く機械の前にいる二人の男の子だけだ。大きな塊の氷を細かく砕き、それを買った魚の上にふりかけている。

港の周りの路上には、いろいろな食べ物屋が、並んでいる。

朝早くから、港を見てまわっていると、腹も減る。

子供や大人たちが、低い木の台の周りに座って何かを食べている。近づいてみると、日本でいう「たこ焼き」のように見える。しかし、たこ焼きよりも大きめの丸いくぼ

みのある鍋の中に、米の粉を砕いて溶いた汁を流し込み、乳房のような蓋を上からかぶせ焼いている。

　くぼみは一つの平べったい鍋に、一五個ほど穿《うが》ってある。その鍋は粗い土で焼いた陶器でできている。見ていると、米の粉と卵を混ぜている。しばらくして焼き上がったものは、直径五センチ程の円を半分にしたような形をしている。

　これは何という料理なのかと、聞いてみた。バインカンといった。

　それをスープとニョクマム、小口切りにした唐辛子を浮かせた中につけて、食べている。

　隣の男は、小魚を陶器の上に乗せ、焼いたものをスープに入れ、身をほぐし食べている。

　ぼくは、よほどうらやましそうに眺めていたのだろう。男は自分の箸でつまみ、ぼくのボウルに入れてくれた。それを崩しながら、スープに焼き上がったばかりのバインカンをつけて食べた。

ふわふわとしてうまい。

味は、あるかないかという淡白なものだ。たこ焼きのような、たこのギュッと凝縮した濃密な味はない。いくらでも食べられる。焼けたものが、目の前の皿の上に乗せられていく。すると、さっと箸がのびてくる。だれが取ってもいいようだ。右隣の六歳ぐらいの女の子も、ヒョイとつまんでいる。子供の小さな手に、やたらと長い箸がおかしい。

何人も食べているのに、メモするわけではない。どうやって食べた数を覚えているのか不思議だ。しかし誰かが食べ終わると、パッと値段を言っている。

自分がどれだけ食べたのかわからないが、一五〇〇ドンを払った。

ぼくのまわりには、たくさん人が群がっていた。パジャマのままの女の子や、老婆もいる。すぐ隣で、小麦粉を練った生地だろうか、ひょっとして米粉かもしれないが、それを揚げたパンを売っている。

丸くした生地を油に落とすと、プーッと生地の中の空気が膨らむ。焦げ茶色に揚がると、目の前の籠につまみあげる。中に餡や肉が入っているわけではない。ただの空気だ。揚げたての熱いやつを食う。胡麻の匂いがプーンと口の中に広がり、素朴な味がし、中の空気がもれる。これと豆乳があれば、気持ちのいい朝食になる。

小さな広場の一角から離れ、満足して歩きはじめた。この漁村にはさほど金持ちがいるわけではないが、建物は傷んでいるところがない。あったとしても、修理がゆきとどいている。清潔だ。建物だけならなんらおもしろみもないが、ここには生きている人たちがいる。

人々の動くさまが、生活の潤いを感じさせてくれる。忙しく働いている大人たちの間を、スラロームのポールの間をすり抜けるように、子供たちが走り去っていく。大人と子供が、一つの色に溶け込んでいる。犬も鶏も一つの色だ。

子供たちが、後をついてくる。

一人が二人になり、十数人になった。

ぼくは、日本では味わったことのない底抜けの明るさの中にいる。笑い声と、叫び声が聞こえる。

この村にいると、ノスタルジーに溺れそうになる。ぼくらも、やはり貧しく、野球のバットもなく、ボールも自家製、グローブも布製の、母の手になるものだった。

当時の写真を見ると、誰もが痩せ、目だけが野良犬のようにギラギラ光っていた。ぼくだけではなく、ほとんどの大人も子供も、頭の中は食べ物で占められていたが、空腹でも体は自然に動き、遊びに夢中になっていた。

子供たちは、ゾロゾロついてくる。そしてベトナム語で、口々に話しかけてくる。

ぼくには分からない。ぼくがベトナム語を理解できないということが、子供には理解できない。一生懸命話してくれる。好奇心に満ちた目と語り口だ。

「胃袋を白くする」夏の朝の食事は

モンゴル＊ムングモルト

早朝、川に顔を洗いにでかけ、再びゲルまで戻ると、野の花にたっぷりふくんだ雨の滴で、スニーカーはぐっしょりと濡れている。スニーカーをゲルの入口で脱ぎ、乾かすことにした。どうやら明け方に雨が降ったようだ。

今日も川に少し濁りが出ていて、スプーンで釣るのはどうも無理だ。

一〇時から、モンゴルでもっとも気持ちのいい頃の、夏の祭りであるナーダムを見に行くことになっている。途中、バトルさんのゲルによって朝飯を食うことにしていた。

ゲルに入ると真ん中にストーブがあり、そこで湯が沸いている。そこでスーテーツァイと言われているバター茶が作られ、夏でも冬でも出てくる。その茶に黍《きび》を入れ、朝食として供される。夏は、男なら馬乳酒が出されるのが常だ。同行してくれるモンゴル人も、朝の一杯の馬乳酒を楽しみにしている。彼はウランバートルに住んでいる

から、新鮮な馬乳酒はそう簡単に手に入らない。この時期しか飲めないのだ。しかも、このような草原でないと飲めない。

モンゴルの閣僚や大統領も夏休みをとり、この馬乳酒を飲みにそれぞれお気に入りの草原に出かけるのだという。

バタルさんと一〇歳の息子と数人の牧童は、レースの準備で出かけていない。奥さんと娘さん、孫、そして数人の牧童、ナーダム見物にきた親戚の人たちがゲルの中や外にいる。

子供たちも馬乳酒を飲んでいる。

ゲルの入口に、牛の革を縫って作った大きな袋に馬乳酒が入っている。

男たちはゲルに入ると、その馬乳酒を攪拌する棒を手に上下させるのがクセのようになっている。

攪拌することで馬乳酒を発酵させ、腐敗や雑菌を殺すのだ。攪拌が終わると、そこから大きな丼のようなものに注ぎ入れてくれるのは女の人だ。キャンプのゲルで手伝いをしている一四歳の美少女ガンバロロも、一杯飲んでいる。

アルコール度は弱く、二度もない。ぼくもたて続けに二杯飲んだ。初めて飲んだ時は、いささか獣の匂いがして、あまりうまいとは思わなかったが、朝になると、モンゴル人と同じように一杯の馬乳酒が飲みたいと、次第に思うようになった。

その他にはウルム（生クリーム）、タルクのチーズ、エッキ（やや褐色

の乾燥したチーズ）等の乳製品が一皿に盛られて出てきた。

タルクのチーズの上に、どろりとした液状のウルムをのせて食べるのだが、ウルムの味とタルクが実にあう。

ゲルで一時間ほど馬乳酒を飲んでチーズをかじるだけで、胃や腸を激しく動かさねばならない固形物は、ほとんどない。かむようなものは、ないのだ。

モンゴル人は、冬の間肉ばかり食べて酸性化した肉体改造にと、夏になると毎日アルカリ性の馬乳酒をふんだんに飲み、新鮮なビタミン等を補給するのだ。たくさん乳製品をとることで「胃袋を白くする」と言う。

このようにおだやかな、乳製品だけの朝食もある。

市場で食べたトルティーヤ

メキシコ＊オアハカ

「〝おあはか〟って、すてきなところよ」と、ロスに住んでいるコーディネーターのマリさんがぼくに言った。

！＊×？。　お墓がすてきなところだって……と怪訝な顔をしていると、「一度、行ってみたら」と、追いうちをかける。

「変なところが好きなんだね」と、ぼくはいささか当惑して言った。

「あら、ごめーん。お墓じゃないの。ハハハア。メキシコに、オアハカという街があるのよ」

ロスでの仕事が予定より早く終ったので、無理をして四日間メキシコへ行った。

肉がずらりと並んでいるオアハカの市場の中を通ると、突然、視界が開けた。長いカウンターが並び、そこで食事ができるようになっている。

早朝だが、すでにひと仕事終えた男たちが食事をしていた。ぼくもそこへ座り、男たちと同じようなものを頼んだ。何種類かの内臓を甘くないチョコレートと煮込んだものだ。するとと「トルティーヤを食べるか」と、聞かれた。トルティーヤは、トウモロコシの粉で焼いた薄いクレープのようなものだ。

「もちろん」と言うと、おかみさんはフラメンコでも踊るように太い両腕を高々とあげ、掌をパンパンと叩いた。すると女たちが、布を敷き何重にも包み、熱が外に出ないようにした深く丸い籠を頭の上に載せて、現われた。

ぼくの目の前の皿に、女の人がトルティーヤを置いて、そのままどこかへ行ってしまった。また、隣の店でも、パンパンと掌を叩く音がした。すると、また、どこからともなく

違う女が同じような籠を持って現われ、そこからトルティーヤを出した。

どの店もトルティーヤは作っていない。客の中でも慣れた人は、パンパンと自分で掌を叩いていた。

本場のトルティーヤは、ねばりもあり、匂いもよく、やはりメキシコ料理には欠かせない。

市場を出ると、路上でトルティーヤを焼いていた。もっとも安いものは、発酵した唐辛子のソースと葱をちょいと焼いたものをはさんだものだ。これがいろいろなものをはさむよりうまい。

次の朝はその街角で食べた。

見ていると、トウモロコシの粉を小さく丸め、蝶番でつながった二枚の板の間にはさみ、

取手のところを握り、閉じて薄くし、それを焼くだけだ。焼きたては、なんともうまい。三枚は食べられる。肉やアボカドなどもはさむ。そして、飛び切り辛い唐辛子をつまみ、そのままかじりながら食べるのだ。

青空市場のおばさんもお腹がすいたらしく、近くにいた男の子にトルティーヤを買いにやらせ、パクついていた。

楽しい昼食は、いつも街の中にある

いつも食べたいブルスト（ソーセージ）

ドイツ＊フランクフルト

ドイツの一〇月は、かなり寒い。

ソーセージの名前が付けられている街、フランクフルトにいた。

とにかく寒い。手足が痺れるような寒さである。

昼も近くなり、腹がすいている。大人も子供も女も男も、ソーセージをかじりながら歩いていた。

熱いソーセージをかじっている口から、白い息が小さな雲のように上がっている。口の周りが、暖かそうだ。

売っているのは、いろいろなサイズのソーセージである。その調理法は、二種類しかない。

ドイツ語では、ゆでたものをヴェナ・ブルスト、焼いたものをブラット・ブルストと言う。どちらかというと、焼いたものが多い。

こんな時に迷う。どちらにしようか。やっぱり焼いたものにしよう。しかし、何度か食べているが、実はゆでたほうがうまいと思った。

ゆでたり焼いたりしたソーセージは、白い紙に包んでくれたり、白い細長い四角な皿にのせたりしてくれる。

そしてマスタードとケチャップを皿にたっぷりのせてくれるか、好みの分量を自分でどうぞ、というところもある。

店は、自動車を改造したものだったり、肉屋の店先だったり、道端の屋台だったりする。

しばらく歩いて屋台を見ると、つい手を出してしまう。

いろいろな街に、いろいろなソーセージ

の屋台が出ている。さまざまなサイズ、さまざまな肉のソーセージを食べた。

ドイツでは、ソーセージ作りは法律によって厳しい規制があり、たとえば材料は、肉以外に澱粉などの混ぜものを使ってはならないのである。

こんなにうまいものがあれば、ドイツの他の料理はいらない。うまい料理を作ろうという積極的な気分にならないだろう。ジャガイモとソーセージがあれば、それでいい。

小さな村の小さなパン屋さん

イタリア＊カターニア（シチリア島）

夕方、小さなパン屋さんの前にいた。ちょっと腹が空いていたからピゼッタ（小さなピザ）でも食べようかと、その店に入った。

ぼくらが籠《かご》の中をのぞきこんでいると、店のおばさんが「これは、たて琴」「これは、花かご」といって取り出してくれた。

「へーっ」「ほう」と感心していると、おばさんは「パウロー」と店の奥に向かって声をかけた。

店の奥には大きな竈《かまど》があり、裸電球が一つぶら下がっていた。

しばらくすると、頭から白い粉をかぶった六〇歳ぐらいのおじさんが、明るい店のほうにやってきた。

この店の親方、パウロだった。

「ぼくはこんなすごいパンを見たことがありません」

親方は、子供のようにうれしそうな顔をした。こんな造型力をもった職人はそうざらにいない。ごく単純な人間や動物を模して焼いたパンは、パリで見たことはある。だが、そんななまやさしいものではない。絵でもちょっと難しいような描写力だ。

親方はいろいろと、カウンターの上に並べてくれた。

「花かご」「たて琴」などの繊細な美しさ、「大きな魚」の重量感、「木の実と猫とおじさん」の諧謔、「馬と馬車」の動きの優雅さ、「樫の木」の重量感と流動感のある枝ぶり、「卵を抱くにわとり」の物語性……今にも卵からヒヨコがピヨピヨと出てくるのでは……ずらりと並んだパンをながめていた。

そろそろ夕食のために パンを買いにくる客で、混み始めるだろう。

ぼくらもピゼッタを食べようと入ったのだから、買って店を出た。

そのパン屋がどうしても気にかかり、次の日にもまた出かけて行った。

入っていくと、昼寝から目覚めたばかりのようにとろんとした目の親方が、竈前にいた。

親方はぼくを見ると、手を上げて手まねきをしてくれたので、パン生地をこねる台などがある部屋に入っていった。

竈の前にいた二人の少年も、やはり目が開かない子犬のようにふらふらしていた。それはたっぷりの食事とシエスタのせいだろう。

ぼくらを見ると、少年たちは恥ずかしそうに目

をこすりながら、にやっと笑った。時計を見ると、三時を少しまわっていた。

ピゼッタを焼くのは、午後の仕事のはじまりらしい。

親方の話では、これから焼くのは、この店で売るだけでなく、この街のバールやその他の店に持って行くものもあるらしい。

夕方になると、パンとピゼッタがよく売れる。

親方が生地をこねている間、二人の少年は大きな台の前で待っていた。

親方が生地をパッパッとちぎって、二人の前に投げていく。すると少年たちはそれを両手で丸めるのだ。

親方が少しでも遅れると「早く」「早く」とはやし立てる。二人は一一歳と一二歳だと言った。もう四年もここで働いて、学校へは行っていないという。

「彼らは、もう一五から二〇種類ぐらいのパンは作れるんだ」と親方は言った。

子供でも自信を持って働いている、と顔に出ている。

パンが焼ける間、残った生地で「馬」を作ってくれたが、あっという間にできてしまった。親方の手元をじっと見ていた少年は、できあがると親方の顔を見た。そして、その目をぼくらのほうに向けた。

「うちのマエストロは、すごいだろう。でも、ぼくらはとても作れないんだけれど……」という目をしていた。

一人の少年は、次の仕事にかかろうとしている親方に向かって、いきなり奇妙な掛け声をあげて、空手の型のように拳を突き出した。親方はそれを見てゲラゲラ笑っている。するともう一人が、「親方は民謡がうまいんだ。よく歌ってくれるよね」「歌ってよ」とはやしたてた。

「歌ってくださいよ」とぼくが言った。

「ヴィーノ（ワイン）を飲んでいないからなァ」

親方は、照れてしまった。

「昼にたっぷり飲んでいたよ。歌ってくれるよ」と二人は言った。

太ったほうの少年は、焼き上がったばかりのパンを取り出すと大きな籠に入れ、それを背負うと、親方にならったのだろう、民謡を歌いながら出ていった。すると親方は、その続きを歌ってくれた。

教会の鐘が突然なった。すると、鐘の音に負けないくらいの大きな声をはり上げた。

小さい実のつまったもの　イタリア＊タオルミーナ（シチリア島）

シチリアの市場には、手っ取り早く食べさせてくれるいろいろな食べ物屋がある。いつものようにブラブラしていたら、自転車の後ろに箱のようなものを乗せて、その中から何やらつまみ出して、パンにはさんでいるものを売っている店を見つけた。その周りで、男や子供たちがそいつを手にしてかじっている。

さて、何だろうと近づいてみると、箱の中には細かく切った肉が入っている。近くで食べている男に「何なのか」と聞くと、牛の舌、腸、心臓、肝臓、胃袋をゆでたものを細かく刻んだものと、ショウガを細く切ったものをパンにはさんで食べるものだと言った。

見た目は、食べたいなァと思わせるものではない。

何枚か写真を撮っていたら、オヤジが怖そうな顔でこちらをにらみつけてきた。あわてて、「それを一つ」と言った。ただ撮るだけでは、オヤジも気分が悪かろう。

小さな紙にはさみ、手渡してくれたものを食べてみた。見た目には、まったくうまそうでないのだ。それに腹もあまりすいてなかった。だが、これはちょっと驚いた。食べる前に、だいたい味覚の想像はつくもので、それに近いものだったが、内臓をこのような味に仕上げ、このような使い方をするものかと感心した。

これは、いままで食べた食べ物の中でも、五本の指に入るくらい感動したものだ。内臓を焼くのではなく、いろいろな香草を駆使し、それで、血や内臓特有の臭みを見事にはぶくのである。しかも、あらゆる内臓の特徴を生かし、百味繚乱の味を披瀝してくれる。ショウガの千切りもきいている。

ぼくが住んでいた頃、ミラノでもっともス

ノッブで、世界中の珍なる野菜や果物を扱っている八百屋でショウガを見つけ、小躍りしたことがあったが、それくらいイタリアでは、めったに見つけられるものではなかった。それがシチリアでは、屋台で食べられたのだから驚いた。

このパンは何というのかと聞いたら、近くで食べていた男が intestino（小さな実のつまったもの）という文字を、パンをはさんでいた紙に書いてくれた。

客は、絶え間なく来る。いつも四、五人の客が、立って自分の番がくるのを待っている。

オヤジは、ハンバーガーよりやや大きめの丸いパンを左手に持ち、大きめなピンセットのようなものに心臓、肝臓、大腸、胃、肺の細かく切ったものをはさみ、パンに乗せて、塩、胡椒をふりかけ、ショウガをはさんでいた。それをパッパッと作っていくのだが、客が次々に来て、間に合っていないくらいだった。

イタリア＊ミラノ

イタリアの駅弁

明るいドームの入口から暗い構内へ、列車がユラユラと揺れながら入ってきた。なんと一時間も遅れて、TEE（イタリアの新幹線）が入ってきたのである。

列車がミラノ中央駅のドーム型の構内を離れたのは、一二時をはるかに過ぎていた。しかも、ひどい混雑ぶりだ。それでも荷物を抱え「ペルメッソ」（ごめんよ）と言って、客がどんどん入ってくる。

列車がスーッと、動き始めた。

出発を知らせるアナウンスも、ベルもない。

イタリアの名誉のためにちょっとつけ加えておくと、ヨーロッパではいずれもこんな具合である。

列車が動き始めてしばらくしてから、駅で買っておいた弁当を食べた。

なぜ、弁当を買っておいたかというと、ひどい目にあったことがあったからだ。

ある時イタリアで、時刻表にナイフとフォークの交差したマークが載っていた電車に乗った。このマークは、食堂車が連結されているという印である。いざ、食事にしようと思って探したが、食堂車が見あたらなかった、ということがあった。

今回も、ヴェネツィアまで乗るのに、もし食堂車がなかったらとちょっと心配になり、買っておいたのだ。それに一度、イタリア式弁当がどんなものか食べてみたかった。

紙袋に入った弁当は、七〇〇〇リラだった。その時のレートでは、一〇〇〇円よりやや安いということになる。

開けてみると、小さなパン二個、ワインの小瓶、モルタデッラソーセージ、チーズ(ベルパエーゼ)、梨、鶏肉1／4羽、ポテトチップス一袋、なかなかの量である。これが一人前だという。昨日買っておいたチョコレートやお菓子もある。

チーズをつまみながら、ヴィーノを飲んだ。

息子たちはモルタデッラをパンにはさみ、食べ始めた。妻はパンと鶏肉を食べていた。

列車は、すぐ郊外に出た。秋の色だ。木に人が登り、枝を切り落としていた。枝の先はこぶのようになっている。毎年伸びてきた枝を切るので、幹と枝のところがこぶになるのだ。切り落とした枝が、くるりと回って地面に落ちた。

ミラノからヴェネツィアまで三時間少々で着くはずだ。さほど遠い距離ではない。急行だから、止まる駅は五、六カ所だろう。一時間は遅れている。あと二つぐらい止まったらヴェローナかもしれない。ヴェローナはヴェネツィアとの中間ぐらいの距離にある街だ。

蒸し暑くなっていたコンパートメントのドアと窓を開けて、風を入れた。暖房がききすぎていたのだ。

コーヒーを大きな魔法瓶に入れて売りにきた。カートの下には水の瓶が並んでいる。コーヒーと水を買う。一六〇〇リラである。二〇〇〇リラ渡すと、二〇〇リラしか釣銭をくれない。四〇〇リラじゃないかと言うと、小さな缶の中を見せて「釣銭がない」と言う。しかたがないと思い「釣銭はいいや」と言うと、男はそのまま次のコンパートメントへ行った。そこでもコーヒーを売っていたのだろう。

ガチャガチャと小銭の音がする。缶と銭のぶつかる音だ。釣銭は別の缶に入れていたのだろう。隣はイタリア人で、小銭がないなんて言うわけにはいかない。しかし外人である日本人には小銭がないと言えば、それで大丈夫なのだ。

スープを飲めば、冷麺のうまさが分かる

韓国＊ソウル

なんだかんだとしているうちに、腹がグウグウ言いだした。

ちょっと、冷麺《ネンミョン》でも食べようかということになった。

三人で近くの店に入ると、いきなり大きなヤカンがテーブルの上に置かれた。コップが三つ。茶でないのはわかる。韓国人は、茶を飲む習慣がないからだ。

馬くんが「スープですよ」と言う。

ぼくが飲もうとすると「熱いですから」と注意してくれた。飲んでみた。たしかにスープである。コンソメではないが、茶色で透明感があり、かなりうまい。まさしくスープ。熱いスープを飲ませて口の中を熱くさせ、そのあとに冷麺をということらしい。その温度差はかなりあり、冷麺をいっそう冷たく感じさせる効果があるのだろう。

ソゴルコムという、牛のスープだということだ。

「このスープを飲めば、その店の冷麺のうまさが分かるんです」と馬くんは、ソゴル

コムを飲みながらいった。

いろいろな種類があったので、三種類別々の冷麵をとった。

ムル・ネンミョンは馬くん。ビビム・ネンミョンは高さん。フェ・ネンミョンはぼくが注文する。

ムル・ネンミョンは漢字で書くと水冷麵で、日本の焼肉屋で食べられる、いわゆる冷麵である。この麵に入っているスープは、牛や豚の肉や骨からとった肉水（ユッス）で、それをギンギンに冷やしたものだ。しかし、それだけではあのさわやかなツッーとくる味覚は作れない。隠し味があるのだ。発酵し、わずかな刺激とさわやかな酸味が出るムルキムチ（水キムチ）の漬け汁を混ぜるのだと、高さんは教えてくれた。

馬くんが、かなり前にあのさっぱりした味覚はサイダーを少し加えるのだと言っていたのを信じていたが、そうではないようだ。

高さんがとったビビム・ネンミョンのビビムは、「混ぜる」という意味である。御飯のビビム・パップと同じビビムである。混ぜる冷麵というわけである。

麵も具もムル・ネンミョンとさほど違わないが、スープがほとんどない。だが、見た目が真っ赤になるほどコチジャンがのっている。

それをよく混ぜて食べるのだ。これはなかなか激辛である。

これとよく似た汁のないもので、平壌にはチェンバン・クッスというものがある。ソウルでも食べられる。

ぼくがとったフェ・ネンミョンは、「刺冷麺」と書く。フェは刺身のことである。使われる刺身は、スケソウ鱈、真鱈、飯蛸、烏賊、鰈、赤エイなどで、酢でよく和えてから細切りにして具にする。麺ツユは別の容器に入っている。

各々の薬味は、コチジャン、醬油、酢、胡麻油、胡椒などを合わせたもので、麺も刺身も和えてある。

ぼくが食べたフェ・ネンミョンは、エイの刺身をのせたものだ。エイをあらかじめ酢漬けにしておき、麺のうえにのせコチジャンをかけたものだ。

ソウルではフェ・ネンミョンは激辛の冷麺として売られているが、ここ咸鏡道では「そんなに辛くはないよ」と言われたのだが、やはりかなり辛かった。細い麺とガンギエイとコチジャンの、三位一体の味を醸しだしている。

昼は冷麺だけで軽めの食事にし、夜はたっぷりにしようということになった。

食べ終わってまもなく夕食の話をしているのだから、とにかく三人とも食べることが好きだ。

カルクックスは、韓国式手打ちうどん　韓国＊ソウル

韓国人の麺好きは相当なものだ。焼肉をたらふく食っても、冷麺を食べる。「冷麺は、別腹だ」という。とにかく一日一食は麺をという人が多い。
冷麺の他に、もう一つ麺がある。小麦粉で作った日本でいううどんがある。カルクックスという。カルは包丁、ククスは麺類のことである。小麦粉に水を加えてよく練ったものを、包丁で切ったものだ。麺の切り口がすっきりとしていて、キシメンのようだ。

ある店で、カルクックスを待っている間に、目の前のステンレスの小さな器の蓋を開けて、中にどんなものが入っているのかのぞいてみた。醬油、葱と青唐辛子、ニンニクのいずれもが、みじん切りになっている。そこにコチジャン、唐辛子の粉、炒り胡麻、胡麻油が混ざって入っている。ちょっと箸でつまんで口にすると、なかなかの

風味である。これは、ヤンニョムジャン（薬念醬）というものだという。

　カルクックスが、目のまえに置かれた。

　キムチが二種類と、ミッパンチャン（前菜）、それに麦飯がついてきた。

　ボウルのなかには、細く切った紐かわうどん風のカルクックスの上に、ギョウザが六個ほど浮いている。なんだか奇妙だ。これは韓国の昔からあった料理なのか……。

　ギョウザが、いつごろから韓国にあったのだろうか。中国との交流も頻繁にあったろうから、かなり昔から食べられていても不思議ではない。後で、ギョウザと思っていたのは韓国でいうマントウだったことがわかった。

　目の前に来たボウルに、先ほどの薬念醬を入れた。近くの客はと見れば、薬念醬を麦飯の上に乗せて食べている。うまそうだ。まねてみる。朝食を食べそこなって空腹のせいばかりでもあるまいが、これだけで飯が充分に喰えるではないか。

　カルクックスは、ぼくらがいつも食べているうどんのように腰があり、シコシコしているというものじゃない。トロトロしている。味はまあまあというところだろう。マントウが入っているのが、妙な具合である。

　ボウルの中を、もっと詳しく描写してみよう。

　紐かわのようなうどん、マントウ、ニンジン（千切り）、タマネギ、キクラゲ（千切

り）、ニラ、見えるか見えないほどの豚肉、スープは鶏でとったという。コンブやダシジャコでとったダシとは違う。やはり濃厚である。

「慶尚道地方では、煮干しだけ」だと、高さんは汁をスカラックで飲みながら言った。

カルククスだけでマントウが入っていないものは、煮干しだけのほうが多いそうだ。薬念醬をたっぷり入れても、さほど辛くはなく実に風味がいい。すっかり平らげると、すぐに「麵のおかわりはどうか」という。ぼくは麦飯も食ったし、さすがに腹がいっぱいだったので、断った。

さきほどから、ボウルに顔をつっ込むように食っている若い兵隊は、さらに、茹でた麵だけをもらって、残ったスープの中に入れた。

キムチも当然ついてくる。

お代わりのうどんは、ただだという。本当なのかと思ってしまうが、念を押すと、やはりただだという。キムチのお代わりも、麦飯のお代わりもただだという。一体そんなことをして儲かるのかと、こちらが心配してしまう。

ぼくは、スープの中にキムチを入れた。

赤い液体になったスープの中に少々残っていたうどんを食べ、スープを飲む。汗が一気に額や体から噴き出てきた。

裏町で子供たちと食べたトゥポギ

韓国＊全州

どこをどう歩いたのだろう。裏町の道に迷い込んでいた。

外国へ行けば、しばしば起きることだ。あわてることはない。

そんな時に、カメラを向けたいようなことに遭遇することが多いと、経験からわかっている。表通りの、化粧をして装ったよそ行きの姿ではなく、すっぴんの美しい生活を見ることができる。

その通りの人たちの動きに合わせるようにゆっくりと歩いて、ふっと遠い子供の時代に戻ったようななつかしい気分に浸っていた。韓国には、昔の日本がかすかに残っている。特に地方に行けば……。

路地から、子供の声が聞こえてきた。その声のする方へ足が向かう。家の軒下にコンクリートで固めた竈があり、くり抜いた穴のところに鍋がはさまっている。

鍋の中は、ケチャップのようにまっ赤などろどろしたソースに、太いマカロニに似

たものが埋まっている。これは表通りの屋台でもしばしば見かけるものだ。銀行やデパートの前で、会社へ行く途中の若い女の子が竹串に刺して食べているのを何度も見ている。名前を知っていたが、まだ食べてはいない。

トゥポギと言い、竈の中に入っているものは、トック（韓国風の餅）である。

うるち米を粉にし、それを蒸して練ったものだ。日本のように杵でついたものではないから粘りはないが、しこしことした歯ごたえだ。

トックを使ったものには、トツクッ（韓国風雑煮）、トッサンジョッ（トックの串焼き）、トッチム（トックの蒸し物）などがある。

すでに、料理屋でトックを使った料理は食べているから、そのさっぱりしたうまさは知っている。だが、子供たちが、おばさんから竹串に刺してもらい、その場で食べているものは口にしたことはない。一つ食べてみる気になった。

鍋に入っている赤いものは、韓国だから唐辛子の色だ。串に刺してもらい食べてみた。やはり辛い。だが、子供たちも食べられるくらいだから、激辛ではない。牛肉のダシがきいていて、うまい。三本食べた。子供たちは五本ほど食べていた。ちょっと腹がすいたときには、なかなか手っ取り早いし、少しは腹の足しになる。

子供たちが遊んでいる路地に、安い値段で食べられるものがいろいろとあるのは、潤いがあっていい。また、こういうところで食べるのは、実にうまいものだ。

大学生街で食べ始められたサムギョプサル

韓国＊ソウル

大学生街で最初に食べられるようになったと言われているのが、サムギョプサルだ。そ

れを食べてみようと思った。

この一帯は、近くに大学の建物は見当たらないが、学生たちが集まってくるらしい。焼肉屋がずらりと並んでいる。

サムギョプサルを食べさせる店も、数十軒ならんでいる。

韓国では、同じ商品、同じ食べ物を、同じ所で売るほうが、より商売になるのだと言われている。同業種の店が並んで、たとえば「サムギョプサル通り」などと言われたりする。

朝の一一時半になっていた。

どこへ入ってもいいのだろうが、夜遅くまでやっているところは、まだ、開いていないようだ。

すでに肉を焼いている店も、数軒ある。一軒、クヌギのような木を積んでいる店があった。ニューヨークでも、ヒッコリーの木を使いステーキを焼いているところがあるが、そのクヌギを燃やし豚肉を焼くのだろうか、なんだか魅力的である。

店の中央に大きなストーブがあり、部屋の中はすこぶる暖かい。いくら今年は温暖と言っても、さすがに外にしばらくいると冷える。積んでいた木は、肉を焼くのではなく暖房用だった。

窓際に座り、サムギョプサルとカルビクイ（骨付きカルビ）を注文する。

火の熾きたコンロを、下働きをしている男が運んできた。ここのコンロはかなり大きい。

サムギョプサルは三枚肉をうすく幅広く切ってあるのだが、大きめの笹の葉のような形である。その切り身に脂身が片方に添うようについているだけだった。この豚肉は、どこの部位なんだろう。三枚肉のところを違う切り方をしているのだろうか。

牛などのカルビは、大学生には高価過ぎる。豚肉でももっとも安い三枚肉を、牛肉のかわりに使いはじめたのだという。たしかに二〇年、いや十数年前まで豚肉のサムギョプサルは、見なかったように思える。

焼き上がる寸前に、ハサミで切ってくれる。とにかくやわらかく適当な脂肪もあり、うまい。

まだ昼には早いのか、学生たちの姿はあまり見えない。労働者の男たちが次々にやってきて、サムギョプサルとチゲ鍋でもりもり飯を食っている。こんな昼飯を食っていたら馬力もでるだろう。

ホーショールがあるのだけれど……

モンゴル＊ムングモルト

ナーダム（祭り）で、人々が群がっている。

いずれの男も女も老人も子供でも、みんな馬に乗っている。歩いているというか、車でナーダムにやってきたのは、ぼくらだけだ。

草原に、簡便なテントがならんでいる。そのテントは、冬に雪が少なく草の多いところへ、羊や馬をひきつれた若い男たちが、数週間移動しながら泊まるためのものだ。そのテントの中で、小麦粉を練り、羊の肉を細かく切ったあと、衣にその肉を包み、それを平たくして油で揚げている。ホーショールというものだ。

いくつかのテントを回ったが、すべてホーショールを作っている。うまいと評判のテントの前には、馬が何頭も群がっている。だれも邪魔だとは言わない。馬の上からホーショールを頼んでいる。

テントの脇に座り込んで食べている人たちも、馬をテントのそばに繋いだり、手綱をにぎっている。いつも馬と一緒である。ここにいる人たちはみんな馬に乗っているので、入り口に立つと中で調理しているところが見えない。それでも馬と馬の間をすりぬけ、ホーショールを頼みにいく。

テントの中には、たいていは六、七の人がホーショールを作っている。一人が揚げ、それを冷めないように、蓋付のバケツに入れている。一〇枚ほどたまると、五枚とか三枚とか注文に応じて、紙に包んで手渡している。一枚一〇〇トゥグルク（日本円で約六円）である。揚げたての熱いホーショールを紙に包んでもらって食べた。

どうも二通りのホーショールが、あるようだ。

一つは、肉を包んだまま揚げるもの、も

う一つは、肉を包みそれを木の棒で押さえつけ平たくしたものがある。生地に挽き肉が混じる。ぼくが頼んだのは、衣に肉が混ざるように平べったくしたものだ。

ホーショールを食べた後、相撲が始まるというので柵の中に入る。

相撲が終り、釣りのガイドをしてくれたイッヒボルトが、夕食を食べにこないかと誘ってくれた。

「ボーズを食べてください」とおばあさんがすすめてくれた。蒸し上がったボーズは湯気を上げている。ボーズは、小麦粉の生地に肉や玉ねぎなどを包み、蒸したものだ。

ナーダムで遊びにきている子供たちに食べさせるためのものだ。ちょっと気が引け

る。しかし、うまそうなボーズだ。

一つ、つまむ。手に持てないほど熱い。そいつを食う。中から熱い肉汁が、飛び出してきた。当然、「アチチ」となる。刻んだ肉が硬い。肉はこうでなくちゃ。ハンバーガーや餃子の中の挽き肉と違う。歯にコリコリと当たる。かみ砕くと、じわりと肉の味が滲み出てくる。厚いポーズの皮とよく合う。

「これは、馬の肉のボーズよ」と言われて、「これが馬の肉のボーズか」と思わず言ってしまった。

ウランバートルで食べたものは、羊肉のボーズだった。それが一般的なものだ。もりもり食べてしまった。いくら山盛りといっても、おばあさんの孫たちの食べる分がなくなる。

草原での祭りの食べ物は、豪華でも贅沢でもない。なんとも質素なものだが、草原での祭りを見た後では、こういうものがなんともうまい。うれしい。

混沌の味覚、バイン・ミー・ティット　ベトナム＊ハノイ

目の前のメコン河はゆっくりと流れ、朝早くから、市場への荷物を運び込む船が次々とやってきた。甲高いエンジン音を響かせ、川面を行き交っている。中には、人が二本の櫓をにぎった腕を交差させるようにして漕いでいる船が、ゆっくりと大河を行くのも見える。眺めていると、時間が経つのも忘れる。

光が増してくると、驚くほどの人数になっていることがわかった。まず、もっとも目につくのは、市場の入口でパンを売る人たちだ。フランスパンである。太めのバケットという感じである。四日前にハノイで見たときは、目を疑った。

ちょっと考えてみれば、マルグリットの小説を読むまでもなく、一九八二年頃までフランスの植民地であり、フランス人のためにパンを焼いていたのだろう。それはベトナム人の味覚にもあい、値段もさほど高くないことから、食べるようになったというのもうなずける。

ハノイの朝の一日目はフォー・ガーとこのパンだった。バケットを縦に切り、マーガリンとパテを塗る。パテは、フランス人のもっとも好きなものだ。そのパテを、船底の水漏れを塞ぐかのようにこってりと塗る。そして、ちょっと得体のしれないようなベトナムのソーセージ、それにハム。いずれも細長く切る。キュウリ、数種類の香草、赤い唐辛子。酢に漬けた大根や人参が入る。これは、ヨーロッパで食べるピクル

スよりもはるかに甘さが強い。日本でいうなら甘酢漬けになろう。

いやいや、忘れるところだった。チャーシューが入っている。ベトナムは、中国に近いんだということを教えてくれる。仕上げにニョクマムを具に染み込むようにベチャベチャかける。そして、縦に切り開いた口をギュッと締める。そいつを、具が溢れないようにしながら食べる。いろいろな具が口の中で混ざり、オーケストレイション化する。

ここまで完璧なバイン・ミー・ティットは、あまりないかもしれない。何かがはぶかれている場合が多い。

バケットの皮のパリパリ感と、中のフワフワ感、西洋とベトナムと中国の楽器がいきなり混ざり、バラバラになった具とバケットの

違和感が、やがて口の中で調和する瞬間がくる。

ご飯に醤油がしみてうまいなんてことがあるように、フワフワしたパンの中に、ジワッとニョクマムがしみているのだ。いろいろなことをやってみるぼくも、パンに醤油をつけるなんてことは思いもよらない。だが、これには泣きが入った。

日本では、朝食は和食と決めているので、パンは、ヨーロッパに行ったときぐらいであまり口にしない。しかし、このバイン・ミー・ティットは、朝の食事にしても後悔はしなかった。今もまた食べたくなった。

バイン・セオというベトナム風お好み焼き　ベトナム＊ホーチミン

ダンディ市場は、ホーチミンのいくつかある市場の一つで、街の一角に屋台、食べ物屋が集まっているようなところだ。いつものようにカメラを首からぶら下げて歩きまわっていた。大量の野菜や肉の流通のための集積場所というような、大規模な市場ではない。近所の台所という感じのところだったが、雑然としてはいても居心地のよさがある。

人が一人腰を曲げれば入れるようなアルミの釜でご飯を炊いていたり、その近くでカゴに伏されて買い手を待っている鶏が突然声をはりあげたり、ベトナム将棋に熱中している男たちが、駒を叩く音がしたりしている。そんなところにバイン・セオと言われるベトナム風のお好み焼きを食べさせてくれる店が、数軒集まって味を競っている。

朝から歩き回って、早朝に米の麺のフォーを一杯食べただけだ。一〇時になったら眩暈《めまい》がするほど空腹になった。しかし、バイン・セオ屋はまだ食べさせる様子はない。いくつも並んだ黒い中華鍋も、そのままだ。

店の隅で豚肉、えび、モヤシなどの下準備をしている。「まだなのか」と食べる真似をしたが、「まだだめだ」と言う。どうも一二時からのようだ。そういえばこの一角のバイン・セオ屋は、夜遅くまでやっているのだ。まァ、果物でもかじってしばらく待つことにした。とはいってもなかなか時間は、進んでくれない。

また、まいもどりその店の前に行くと、先程いた若い女の子が、「席で座って待ってもいいと手招きをし、椅子を指さした。席に着くと水を持ってきてくれたが、「水は飲むな」と言われている。しかし、親切でしてくれたことだ。まァ、いいや。

水を飲んでいると、若いその女の子は中華鍋の前に座り、ガスレンジに火をつけた。ふりむいて、「時間じゃないけど焼いてあげるわ」という表情をした。

黄色い生地を熱くした中華鍋に流しさっと鍋を回すと、生地は薄く丸い円形を描いた。そしてすでに火を通してある豚肉、えびを、まだ表面が乾いていない生地の上にパラパラと撒き、もやし、炒めたタマネギ、椎茸などを、さらにその上に置いた。そして生地を二つに折った。

それを皿に移し、一緒にレタスのような葉っぱを山盛りにし、テーブルに置いた。タレのヌクチャムも一緒だ。そのタレをつけながら食べる。バイン・セオをちぎり、そして葉に巻いて食べる。違う店ではライス・ペーパーや野菜の葉などで巻き込み、食べるという。

とにかくベトナム人は、何でも巻いて食べるのが好きだ。たしかに葉っぱやライスペーパーで巻くと、うまく感じるのだ。ちなみにセオ、あるいはサオとは、料理用語でジャッと焼くことである。

素焼きのタジンを待ちながら

モロッコ＊ワルザザート

タジンは素焼きの鍋。スペインのパエリャはひらべったい鉄鍋である。すき焼きは、畑で土を耕す犂《すき》に肉をのせて焼いたものらしい。だからすき焼きというようになった。イタリア語に、スピエディーニという言葉がある。串という意味で、料理名としても肉など突き刺して焼いたものをやはりスピエディーニという。その他にもいろいろとあろう。語学に精通していないからよくは分からないが、世界中で、その料理を作る道具そのものが料理の名前になったものは、少なくないはずだ。

モロッコを旅していると、いろいろなところで食べられるのが、このタジンという料理だ。

食材の肉も山羊、羊、牛、ラクダといろいろ、それに魚のものもある。そして、カシュー・ナッツや乾燥した果物などを、野菜と一緒に、先の尖った帽子のような蓋を被せて蒸し煮にするのだ。

店先で調理をしているので見ていると、まず、ひらたい素焼きの鍋を火にかける。タジンをのせる素焼きのコンロがあり、炭火で赤くなっている。

素焼きの鍋にオイル大さじ3ほど注ぎ、そしてタジン用の八種類ぐらいを細かく碾《ひ》いた香辛料小さじ1を入れ、しばらく匂いが出てくるまで待ち、肉をのせる、ペティー・ナイフで薄切りにしたタマネギを半分、肉の上にのせる。その上に半月形に切ったトマト、次に縦四等分に切った人参、皮をむいて同じく縦四等分にした二個のジャガイモをピラミッド形に積む。それらの野菜を切るのに、まな板など使わないで、小さなナイフで野菜をもったまま切っている。そしてとんがった蓋をし、さほど強くない火に三〇分以上かけ、蒸し煮にするのだ。

とんがった蓋の中に水蒸気が上がり、それが対流するのだから、水で煮るのではない。

野菜のうまみも流れ出さない。蒸し煮だから水で煮るより高い温度だ。水は沸騰しても一〇〇度だが水蒸気は一九〇度にもなる。

しばらくすると、いくつも並べた素焼きのタジンから、かすかに香辛料と肉と野菜の匂いがただよいはじめる。

昼の時間になると調理を始めるのだが、大量に作りおきをするのではなく、三つほどのタジンを使っている。

ぼくらも注文してから、道路に出ている粗末なテーブルで三〇分以上待っていた。観光に来ているのだし、待たされても退屈はしない。

目の前を、荷物を積んだラクダが連なって、ゆっくりと砂漠へ向かって行く。ロバにのった少年たちが歩いて行くのを、民族衣装のジュラバを被り歩いている老人を、黒いベールで顔をかくした女の人などの姿を、茶を飲みながら眺めていた。

出来上がると、タジンのままテーブルの上にのせられた。蓋を取った。盛り上がった野菜からは、盛大な湯気が上がる。そして、切ったホブス（パン）がざるに盛られて出てくる。

周りの客は、右手で野菜や肉をちぎり、鍋の底にたまっているソースにホブスをつけて食べている。いささか熱いのを我慢して、同じようにして野菜を口にした。野性的な野菜のうま味が、肉などと混ざりあっている。

ひさしぶりに人参らしい人参、ジャガイモらしいジャガイモの味だ。

火が通り、やわらかい。羊の肉もなかなかの味だ。ピリッとする。クミンをベースにした匂いがかすかにする。

トルコ式ピッツァがあるって知っていますか　トルコ＊サフランボル

せりあがるような丘に、古い家がへばりつくように建っている。

迷路のようなそのサフランボルの街を歩いていると、ところどころにロカンタ（食堂）やチャイハネ（喫茶店）がある。その街中に、トルコ式ピッツァのうまいところがあると聞いていた。トルコ式のピッツァとは、どんなものだろう。

ピッツァをはじめて作ったのが、トルコか、それともイタリアのナポリなのか、ぼくには分からないが、トルコ人に言わせるとトルコのほうが古く、イスタンブールのイタリア人街に住んでいた人たちが、トルコで食べたものを母国で作ったのだと言う。しかし、イタリア人は、ナポリがまず初めだと言ってはばからない。さあ、どちらなのだろうか。

ピッツァがうまいという店を探しあてて入っていくと、なんと客は男ばかりだ。トルコでというよりイスラム圏では、食べ物屋でもチャイハネなどでも、とにかく男ば

かりが目立つ。いいおじさんが、昼間から仕事もしないでこんなところでのんびりしていていいのかと言いたくなるほどだ。

店の奥に、イタリアでも何度も見かけた石で作られた大きな竈があり、薪が燃えている。生地を広げて、上にいろいろな具をのせたピッツァを、竈の中に入れたり、出したりしている。

イタリアで食べたことがある生地や、生地の間が膨らんだピッツァなどもあるが、トルコ式ピッツァは、縁がやや高くなっていて、焼き終わると生卵をポンポンと落としていた。これは、イタリアでも見たことはない。初めてである。見ていると、盛り上がったピッツァの生地をちぎって、その生卵をつけながら食べていた。

トルコの市場には、チーズがふんだんにある。だが、ぼくが食べたのは、チーズがのっていないごくシンプルなものだ。

ラマシュンという、トルコではごく普通のピッツァを頼んだ。牛挽肉、タマネギみじん切り、ピーマンみじん切り、トマトのペースト、カイエンペッパー、パセリ、塩、胡椒を生地の上にのせて焼いたものだ。そのピッツァの皿には、トマトの薄切り、タマネギのスライス、レモンがのっている。食べる時に、好みでそれらをのせたりかけたりするのだ。なんとも率直な味だ。

鯖をはさんだサンドイッチをかじりながら　トルコ＊イスタンブール

ボスポラス海峡にかかっている橋が、二つある。

一つはアタチュルク橋、一つはガラタ橋だ。

北側は新市街、南は古市街。アジアとヨーロッパの境でもある。イスタンブールはそれだけでも、ナゾめいた魅力のあるところだ。

はじめてその橋が建てられたのは、一六世紀のころで、当然、木製の橋だった。だが、その橋も、これまでに三度建て替えられている。今の橋は、四度目のものだ。その前の橋は、なんとも風情のある橋だったらしい。残念だが、ぼくは見ていない。

橋は二階建ての構造で、上は車道で下は歩道になっていた。

下の歩道は水面すれすれの高さにあり、釣糸を垂らす人が並び、ロカンタやチャイハネが並んでいた。ロカンタでは、釣った鰯や鯖、そのほかの小魚を揚げたものを食べられた。そしてチャイハネでは、ゴボゴボと静かな音を立てる水煙管を楽しんでいたのだ。日常の生活が繰り広げられ、様々な人間模様が見られたようだ。

新しい橋になりすべてが変化してしまった、なんてこととは知らず、イスタンブールに出かけたその日に、ガラタ橋のアジア側にタクシーを走らせた。そんな人間臭い風景はなく、ただ海から吹きつけてくる風が強いだけで、なんとも殺風景なところだった。二階建ての橋は、取り壊されてしまったのだ。

しかたがない。その橋を戻り、ヨーロッパ側の港へ向かった。どこかに昔のそれらしい風情が残っているところはないものかと探した。

船が停泊しているところに、青や赤に塗られたボートが浮かび、その近くで男

たちがたむろしていた。

近づいてみると、そのいくつかの船の中で、魚の切り身を油で揚げている。かつてはガラタ橋の下で鰯や鯖を揚げていたのだろう。

目の前で揚げているのは、鯖だ。それをパンにはさんでサンドイッチを作っているのだという。

パンに揚げた鯖をはさむなんて、魚好きでも思いもよらないものだ。

ゆらゆらとかすかに揺れている船の上に大きな釜があり、油がたぎり、鯖の切り身をその油で揚げている。

釜の下は、木が燃えている。鯖が揚がるとパンにはさみ、紙で包んでいる。上下に揺れる船に向かって、岸壁から腰を

曲げて手を伸ばし、それを受けとり金を払う。

海から吹いてくる風を受けながら、そのサンドイッチをかじり、岸壁から釣糸を垂れている人を眺めるのは楽しいものだ。だが、ふりむくと、堅牢ではあっても無機的な橋は、なんとも風情がない。

経済性と効率を考えると、古いものはどんどん破壊し近代化していく流れは、いたしかたないだろうがちょっと残念でもある。

旅をしていると、しばしばそんな寂しい思いをする。

甘いおやつと飲み物の効果は絶大

椰子の木が一本あれば……

スリランカ＊ゴール

椰子の木は、東南アジアやミクロネシアなどの海岸を飾るように繁茂している。椰子をじっくり眺めたことはないが、二五〇〇種もあるというのだから驚きだ。あるとしても二、三種類ぐらいだろうと思っていたが、とんでもない数で想像してもいなかった。


椰子の木は、万能だ。

椰子の木があれば、生きていけると言われている。

少女（次ページの写真）が飲んでいるのは、中の果汁だ。かすかな甘味と発泡性があるが、飲みなれていないとうまいとは言いがたい。なんとも中途半端な味なのだ。しかし、生水は飲むなと言われているが、椰子の果汁はまったく無菌であるということなので、しばしば喉が渇くと飲んでいた。飲み終えた後は鉈《なた》で殻を細かく割り、内

側の白い果肉をかじり、おやつにしている。その果肉を細かく削り粉末状にし、水をふりかけ絞るとココナッツ・ミルクになる。
カレーやその他、いろいろな調理に使う。東南アジアの料理に欠かせないココナッツ・ミルクだ。
椰子のコプラ（果実の胚乳を乾燥したもの）を圧縮し、油を絞りだす。その油を、炒めものや揚げ物やいろいろな料理に使う。ちょっとクセのある匂いで、最初はなんだかなじめなかったが、次第に慣れてくるものだ。その油が、体にやさしい石鹸にもなる。
椰子の芽の先を切り、細い茎を瓶などの容器にさしこんで、樹液を取りだし発酵させると、椰子酒になる。さらに熟成させると酢にもなる。ビールの原材料にも使われる。また、その樹液を煮詰めるとココナッツ・シュガーだ。見た目は黒く甘味が強いが、味は爽やかだ。

椰子の芽は、生で食べる。サラダにすると、シャキシャキと感触がいい。

椰子の殻は叩き潰し、繊維をよじると紐にもなる。

シシカバブなどを焼いている炭が、妙に湾曲している。どうしてなのかと聞くと、椰子の殻を焼いて炭を作っているのだという。殻は堅いから、炭も火力は強いらしい。

椰子の実を半分にして、それをほぐすとタワシのようになる。昔はそれをぞうきん代わりにして、船の甲板を何人かで横に並んでこすってきれいにしたものらしい。

大きな椰子の太い幹をくりぬいて、船も作れる。

家の建材にもなり、葉で周りを囲めば壁のように風の遮蔽になる。

観光地などでは猿などを彫ったもの、コップ、杓子にして、みやげ物にする。

サゴ椰子は樹幹をたたきつぶし水に漬けておくと、でんぷん質が沈澱する。それも、食用のでんぷんになる。

マルコポーロは、本の中で「スマトラには、幹に小麦粉が詰まっている木がある」と、またその収穫方法を述べ、「その粉で作ったパンは大麦のパンに似ている」とも書いている。

でんぷんの収穫法は、ダイナミックだ。

一〇人ほどの男女が、サゴ椰子のジャングルにわけ入り、でんぷんがたっぷり詰まっていそうな大きなサゴ椰子を選び、それを男たちが倒す。その後、女たちが樹幹の内部を叩き砕いて細かくし、大きな樋のようなものを作り、その粉砕した幹の内部をのせ、水を流しでんぷんを沈澱させていく。その沈澱した白い粉をとりだし、数日干し、純粋な白い粉をパンのように焼いたり、ココナッツ・ミルクと水をそそぎ、煮たりする。

それに幹に潜り込んで住んでいる幼虫は、不足がちな蛋白質の補給にもなっている。ぼくは、バナナの茎にもぐりこんでいる五〜六センチぐらいの幼虫を食べたことはあるが、椰子のものは食べていない。

なんと一本の幹で、でんぷんが一〇〇キロは収穫できるというのだから、こんなにありがたい木はそうない。耕作もしないでサゴ椰子が大きく育つのだから、さらにこんなにいいことはない。

インドも南にいくと、サゴ椰子の葉が風にざわざわと騒いでいる。

なんだかなつかしい、ハロハロ

朝から市場を歩き回り写真を撮っていたが、体の内部に熱が溜まってやりきれない。こんな時はカキ氷が一番。しかしフィリピンで、まさかカキ氷はあるまいと思っていたら、市場の飯を食べさせるところにカキ氷に似たものがあった。そこで飯を食べた後らしい人や、飯を食わなくとも暑くてやりきれない人たちが、それを食べている。

さっそく一つ注文してみた。

カキ氷は危ないかなァと危惧はしたが、暑さにはかなわない。

フィリピン＊マニラ

グラスの中には、どぎつい赤いトコロテンのようなものがみえる。紫色のものがある。それは薩摩芋のようだ。甘く煮たトウモロコシの粒。なにかの豆。パイナップル・ゼリーは、黄色。茹でたニッパ椰子の種。白いものがある。餅か団子のようなもの。

ねっとりした白い液体は、ココナッツ・ミルクかと思いきや、練乳であった。夢中になって食った。甘い。冷たい。頭がじんじんするくらいだ。なんともなつかしい味だ。

これは「ハロハロ」という名前だ。「混ぜろ、混ぜろ」という意味らしい。

そこで奇妙な話を聞いた。

ハロハロは戦前、日本人が始めたらし

い。日本はフィリピンを統治したが、それに不満を持った人たちの行動を監視し情報を得るために、いろいろな所にそのハロハロの店を出したのだという。いわゆるスパイの拠点にしたのだという。

それはなるほどという気持ちにもさせるが、そこまでキメ細かい考えが軍部にあったかは疑問だ。

しかし戦況が悪くなると、ハロハロの店は忽然と消えたという。

終戦後に日本人は引き揚げたが、ハロハロはフィリピン人が受け継いだということだ。

こんなに甘いものを食べたことはなかった

モロッコ＊フェズ

フェズのスーク（市場）で知り合った二人の少年は、ラマダン（断食）を行わなくていい年齢、一〇歳と一一歳の兄弟だ。

ラマダンの時期はときどき学校が休みになるので、二人はスークをブラブラしていたのだ。

朝から一緒にスークを歩いていたが、昼になっても食べ物を口にしない。彼らも断食をやろうとしていたようだ。

「二人は、まだ子供だから断食はしなくていいじゃないか」と言うと、憤然として「ぼくらはイスラムなんだ」と言った。初めて会った日は、見栄もあったんだろう。背伸びをし、大人であろうと力んでいたのかもしれない。

数日付き合ってみると、やはり子供だ。菓子を食ったり、水なども飲んだりしていた。だが、子供がその場で食べようとすると、とがめて売らない店もあったのには驚

いた。
子供でさえ、断食を遂行しようという意志が見える。そんな雰囲気なので、ラマダンの時はなかなか昼間に食事をしようという気分になれない。それに、手に入るものは甘い菓子だけだ。
シュバキア。その菓子は平たく伸ばした生地を細く切り、リボン状の生地をくるくると丸くし、油で揚げ、山積みにしてある。その上から蜂蜜を、何度も何度もかけている。山積みにした菓子から、タラリタラリと蜂蜜が垂れている。
日が沈むと初めて食事ができ、ハリラというスープを飲み、そしてこの甘い菓子を食べるのだ。すみやかに糖分を取り入れ血糖値を上げなくては、ボーッとしたままだ。

とにかく甘い。

ラマダンの昼間は、そんな菓子しか食べ物は見当たらない。だからフェズにいた一週間ほど、甘い菓子を大量に食べたことはない。

甘い菓子は堂々と買ったが、食べるとなると、やはりあまり人目のつかないところで食べた。その甘さたるや、食べているうちに眩暈がしてくるほどだ。空腹にいきなり甘いものだから、血糖値が急激に上がり酩酊するような感じになる。

ジャン・コクトーが、空腹時に角砂糖を数十個かじりながら詩を書いたという。酩酊感を味わえるのは確かだ。酔ったような状態だと、詩のアイデアが浮かぶのだろうか。

スークの中で、いろいろな菓子屋を見てまわった。

両手を広げると両方の壁につきそうな狭い店の真ん中に、まるで蜘蛛の糸の真ん中にいる蜘蛛のように、おやじが座っている。

客のほうが見上げるような高い位置にいる。

あれやこれやと菓子を選び買う。

ラマダン明けの食事は、甘いナツメヤシの実と甘い菓子から始まるのだ。

甘いミント・ティーがなくては、始まらない　　モロッコ＊マラケシュ

日本の茶道のように精緻な作法はないが、茶をいれる人によっては、さまざまなスタイルがあるようだ。ただ、それは精神的な道を求めるようなものではない。どうやったら茶をうまくいれられるかという、こだわりだけだ。

今回の旅で、どれだけの茶を飲んだかしれない。

骨董屋などにいくと、モスクの屋根のような丸い蓋と、タガネで打ち出し装飾をほどこした高価なティー・ポットを見かけるが、茶屋ではアルミのポットかホーローびきの粗末なものだ。

まず、水と中国緑茶の葉を二つまみほど入れ、火にかける。ぐらぐらとかなりの時間煮出す。それから砂糖を入れるのだが、つまんだ指先を見ると、トランプを半分に切ったぐらいもある。そのうえ厚さ二センチはあるだろう。「そんなに入れても、大丈夫なのか」と言いたい。だが、もう一つつまんでいる。それもポトン。そしてもう

一つポトン。飲む前に想像しただけでも、過剰な甘さにギョッとした。

ミントは、最後にポットに入れるか、カップに入れる。

なみなみと注がれた茶を、恐る恐る飲んだ。とにかくコップの中一杯に、ミントがつまっている。

甘さとミントの強い香り。ささやかな香りというのではない。ミントの強いハミガキペーストを、口の中に入れた時のようだ。それを呑み込むことができないほどだ。

半分ほど飲むと、ちょっと酩酊感がする。一気に過剰な甘味が、血液に流れたからだろう。

初めての茶にこりて、フランス語で「ノン・シュカール」と言って、砂糖を入れない

ようにしてもらう。砂糖抜きだから、煮出した茶は、いっそうミントを強く、渋く苦く感じる。

時々つい「ノン・シュカール」と言い忘れて、甘い茶を飲むはめになる。

湿気の少ない空気に包まれていると、喉が渇くのだ。それにアルコールを飲まない回教徒の中では、昼間から大っぴらにビールが飲めるような環境でもない。だから茶屋へ入ることが多くなる。

頻繁に茶を飲むようになったのは、サハラを旅するようになってからだ。

サハラは、砂の大地だ。

一週間の旅に出たときも、ラクダの背に乗り、ものの一時間もすると喉がカラカラになる。

駱駝の鞍のところに挟みこんであるペットボトルを抜き出し、ミネラル・ウオーターをガブガブと飲む。

オアシスの近くにテントを設営すると、まず茶だ。

中国茶をたっぷりポットに入れ、水を注ぎ、ぐらぐら煮立てる。焦げ茶色になるほど煮出す。砂糖をドボドボ。それをまず二杯ぐらい飲んでからでないと、仕事をしない。

朝になると、前夜の焚火の跡に乾燥した草をおき、火をつける。

パチパチと、たちまち炎が上がる。そして水の入ったポットから注ぐと、放物線状の茶から、白い湯気が広がる。

掌でコップを包み、口に含む。

繊細な朝の一杯の茶ではなく、あくまで濃厚で強い茶だ。一杯を飲みほすと、すぐに二杯目。体の内側から熱くなってくる。

それから、やっと朝食の準備をはじめる。

砂漠の夜の寒気で、かたくなった筋肉をやわらかくしてくれるのが、このミント・ティーだ。

夜は食前、食後、焚火を囲みながら茶を飲む。

モロッコに滞在している間、甘い菓子をふんだんに食ったし、これほどミント・ティーを飲んだことはない。

モロッコでは濃厚な甘い茶がよくあうし、飲みたくなる。

ナツメヤシの実

モロッコ＊メクネス

モロッコのメディナ（旧市街）では、果物を干したものをよく見かける。

少しでも衝撃があれば、干した果物が崩れ落ち、人が埋まるのではないかと思われるような量が積み上げてある。

イチジク、ブドウなど、そして、これから話そうとしている「デーツ」と呼ばれているナツメヤシの実もだ。

パラフィンのような表皮で覆われた茶褐色の実は、ミイラの皮膚のようで、食べる気にはなれなかった。

しかしラマダン明けに、初めて口にする夕方の食事の膳には、ハリラや甘い菓子と共に、かならず出ていたのだ。

勧められて食べてみると、これがなかなかいける。それからは、見つけると買ってかじっていた。

サハラ砂漠を旅していて、突然、眼前に現れる青々とした木陰は、ほとんどがナツメヤシだ。

すっきりとのびた幹の先に、傘のように葉を広げたナツメヤシの群生を見ると、安堵する。そこが静寂と安らぎのオアシスなのだ。

オアシスはもともとは自生植物群から形成されたものだが、ナツメヤシの葉叢《はむら》でできたシルエットがつきものである。

しかし、砂漠の中に突然一本のナツメヤシが立っていることがある。砂が移動して、根が露出している。

地下では球根のまわりに、髪の毛のように細い根が、四方八方へ水分を求め広がっているのだろう。砂漠に強いのは、その長い根のおかげだろう。

オアシスでは細い水路を切り、流れる水を調整し、野菜、果物、穀物などを栽培しているが、その中でももっとも大事なものは、ナツメヤシだ。オアシスを守るものでもあり、またナツメヤシの実は商品として、利益を得られるからだ。

ナツメヤシはアラビア原産のヤシ科の中でも、もっとも原始的で約一億年前には現れていたと言われている。

オスとメスの木があり、三月から四月にかけて花を咲かせ、風による自然受粉が行われる。そして果樹が固い葉の間から枝を伸ばし、その先に二、三センチぐらいのデーツが、三〇個ぐらいの房状になっていくつも垂れ下がる。それを幹に登り収穫して干す。

モロッコにはおよそ八万四〇〇〇ヘクタールのヤシ林に四七〇万本の木があり、膨大な量のナツメヤシの実が収穫されている。

実にもそれぞれ等級があるが、高いものと安いものでは三倍ぐらいの差がある。高級なものは、半透明で弾力があり麝香の香りがして、自然の甘味がなかなかいい。ぼくがもっとも感心したのは、このナツメヤシで作られたマーマレードである。褐色のどろりとしたマーマレードは、甘味は強く自然な甘さは上品だ。それをモロッコのパン、ホブスに塗り、毎朝食べるのを楽しみにしていた。

悪魔のような果物の王様

おばさん（次ページの写真）が手にしているものは、果物である。

ちょっと爬虫類の皮のようにゴッゴッしていて、突起物のようなものがあり硬い。この硬い皮を筋目に包丁をいれると、中はいくつかに分かれている。その中に薄い黄色がかったバナナの皮を剝いたような果肉が入っている。食べてみると、いくつかの房が繫がっている。

クリームのようなバターのような食感でありながら、それとも違う。匂いが強烈である。この匂いを好きで好きでたまらないという人と、この匂

タイ＊チェンマイ

いも口にするのも嫌だという人の二つに分かれる。ぼくは前者である。

とにかく東南アジアへ行って、まず食べるのが、この果物だ。季節外れに行き、なかったりするとガックリするぐらいだ。そうでなければ、毎日一つは食べる。ある時など帰りの空港まで持ち込んで、腹一杯食って満足した。持ち帰っても検疫で引っかかるし、機内で食べるなんてできない。

なぜなら、この果物は、その匂いのためにホテルの入口に、「ドリアンはホテルに持ち込まないでください」と、中国語、日本語、英語、ドイツ語、フランス語などで印刷された張り紙がしてあるほどだ。ましてや飛行機の中に持ち込んだりしたら、大変なことになる。

「果物の王様」と言われるのが、このドリアンだ。

ついでに「果物の女王様」は、マンゴスティンである。皮を割ると中から現れる真っ白い果肉と、口にした時の清浄感と爽やかな甘さ、「果物の女王」と言われるのもうなずける。

ドリアンは、そのまま食べてもうまいのだが、蒸した餅米とココナッツ・ミルクとを混ぜて冷やして食べるものも好きだ。

若い女の子も夕暮れに、店に立ち寄り、ドリアンをみんなで分けあって食べている。

他の果物と比べるとちょっと高いが、何と言ってもうまいので、止められない。

ただ、これを食べた夜はキスはできない。

カボチャの馬車でなくて、お菓子

タイ＊バンコク

タイには、夢の中にでも出てきそうなさまざまな色彩や形状の果物が、たくさん枝にぶら下がっている。とってもいい匂いがする。そして、畑には野菜がいっぱい。だからお菓子屋さんといっても、そんな周りの材料を集めてきて、自分の家で作ったものを屋台で売っている店が多い。

青いバナナは、焼いたり、衣をつけて天ぷらのように揚げたりするのだが、東南アジアでは、めずらしくはない。とても安いから、子供たちもよく食べている。ちょっと不思議な味だが、ぼくも好きである。今でも、「また食べたいなァ」と思っているくらいだ。

でも、ぼくにはもっと好きなお菓子がある。

タイの言葉ではカエング・ブアジといって、タロイモを甘く煮てココナッツ・ミルクにつけてあるだけなのだが、あのタイのピリピリするほどの辛い料理を食べた後に、

よく合うのだ。

もう一つは、サンカヤ・ファットン。どこにでもあるカボチャをこんなにおいしいお菓子にできるなんて、すばらしい知恵だ。あまり大きくないカボチャをくりぬき、その身とココナッツ・ミルクと卵とココナッツ・シュガーをよくかき混ぜて、カボチャに流しこみ蒸すだけである。作り方はプリンとよく似ているし、味も似ていなくはないが、カボチャが入っていて風味がまたいい。

材料を詳しく書こう。

カボチャ一個。濃いココナッツ・ミルク（絞り方は後で詳しく書く）を3／4カップ。ココナッツ・シユガー1／2カップ。卵四個。ローズエッセンス数滴。作り方は、先に書いた通りである。蒸し時間は、カボチャの大きさにもよるけれど、直径二〇センチぐらいのものなら大きめの深い皿にのせて、一時間一〇〜二〇分ぐらいでいい。

その後、冷やしてから切り分けて食べる。これならぼくでも（実を言うと、カボチャがあまり好きではない）大好きになったのである。

もう一つの最初のカエング・ブアジの作り方。

これは、市場のおばさんからかなり詳しく聞いた。

タロイモはだいたい四〇〇〜五〇〇g。ココナッツ、一個。水、七〜八カップ。ココナッツ・シュガー、だいたい一カップ。塩少々。

バーンさんという人の家でタイのカレーの作り方を教わったときに、ココナッツ・ミルクの絞り方を見ることができた。まず、ココナッツの殻を割り、その中の白い実の部分を削ぎ落とした後、水と一緒に掌で絞るのである。最初に絞った濃いココナッツ・ミルクと、一度絞った後のもの、さらに絞ったものとに分けて使うのである。

このお菓子は、濃いほうだけを使う。濃いココナッツ・ミルクにココナッツ・シュガー、塩を加え、弱火で沸騰しないように気をつけながら、よく混ぜ合わせる。そこに、タロイモを加え一五〜二〇分ぐらい煮る。もし、バナナを加えるのならタロイモが煮上った後、三〜五分煮る。味をみて、甘みが少なかったら砂糖を少々加える。

ぼくは市場でカノムダン、カノムティアン、カノムコック、カノムトウェイ、カノムブァワーンなどをバナナの葉に包んでもらい持ちかえり、道端で食したものだ。自然の味、複雑ではない、単純、素朴な味を楽しんだ。

バナナの葉は、手にも気持ちがいい。

バナナの葉は、またお菓子を蒸したり、料理のときにもよく使われる。テーブルにもなる。お皿にもなる。手を拭く紙にもなる。

タイの人々は、自分たちの周りの自然が育んでくれたものを巧みに使って、生活している。

カノム（お菓子）が、タイの子供たちにはキラキラ輝いて見えているのだ。

市場のお菓子売り場でお母さんにねだって買ってもらっている子供たちを見て、ちょっと考えこんでしまった。

ぼくの子供たちは、お菓子を見てあんなに目が光っているだろうかと。

ポケットの中のクリ
イギリス＊ロンドン

ロンドンのピカデリーサーカスの人通りの多いところから、ひたすらに真っ直ぐ歩いていた。べつに何を見ようとか、何かを手にいれようとかということもなかったが、ただ歩いていて、周りの人たちやショーウインドウの中を眺めたりしていた。

一月三日だった。

どうして正月にこのロンドンにいるのか妙な気分だった。だが、ロンドンでは正月休みは、一月一日だけで、二日からどこの店や役所でも普段のように仕事をしていた。街もにぎわっている。

まだ午後三時だというのに、冬のロンドンは夕暮れのように暗い。それに、歩いていてもしんしんと足元から冷えてくる。

クリを焼いて売っている男がいた。四角い鉄板の上に黒く焼けたクリが転がっている。あったかそうなクリの焼ける匂いがする。皮に切れ目を入れていたのだろう。ク

リの実がはじけて黄色い身が見える。天津甘栗のように、皮が茶褐色につやつやしているわけではない。ただ黒く煤けているだけだ。だが、ちょっと食べてみたい気もする。

イギリス人なら、この時間になるとハイティーというところだろう。どこかでハイティーでもと思っていたが、ちょっと面倒でもある。ハイティーの代わりにはならないが、クリを一袋買ってみた。それをコートのポケットに入れた。ほんのりとあったかい。手を突っこむと指先が温まる。

一つ、二つ食べているうちに、ふっと不思議な気分がした。

五、六歳ぐらいだったろう。ぼくは父と二人で、満州の牡丹江という街の駅前にいた。

旧満州・今の中国東北部の冬は、壮絶な寒さである。

どこかへ行った帰りだろう。

ぼくは寒さに震えていた。

父は中国人のクリ焼きから二袋の天津甘栗を買って、ぼくのオーバーの左右のポケットに入れてくれた。

指先から、突然、その時の凍てつく街と、若かりし頃の父の姿が目に浮かんできた。

油で揚げたいくつかのお菓子がある

インド＊バンガロール

ラッシー（ヨーグルトの飲み物）を作っている隣で、揚げ菓子を作っている。

油の入った大きな鍋の前に胡座をかいた職人が、やわらかく練った生地の入った口金のない袋を巧みに動かしながら、さほど熱くなさそうな油の中へ8の字を描くように絞りだし、絡めていた。

いくつかの生地が大きく膨らみ鍋一杯になると、隣に同じような鍋があり、そこに生地を落として揚げている。

鍋の中で焦茶色になり浮いてくると、ヒョイヒョイとすくい上げ、蜂蜜のような甘いシロップの中に漬けていく、とにかく甘いのだが、揚げ菓子

独特の歯応えがある。

この菓子は、シャレービスという。

インドの路上で売っているものは、油で揚げたものが多い。もっとも目につくのは、サモサだ。

サモサは菓子ではなく、スナックのようなものだ。

ジャガイモ、タマネギ、青唐辛子などカリー風味の具を、未精製の小麦を衣にして揚げたものだ。その他、揚げたものにはパパド、パコラ、カチョリ、アルバム、パタウリなどがある。

パパドは、豆粉に黒胡椒、クミンを加え、丸くして伸ばし、天日で干した後、油で揚げる。これはそのまま単独で食べるというより、カリーを食べながら、ぱ

りぱりとかじっている。

パコラは、茄子やカリフラワーなどいろいろな野菜に衣をつけて揚げたものだ。

カチョリは、豆や野菜などで作ったドライカレーを小麦粉の皮で包んだ、カレーパン。

アルパムは、米の粉とレンズ豆を揚げたもので、南にはこれを蒸したものがある。

パタウリは、小麦粉の生地に粟や稗と唐辛子を炒めたものを包み、それを揚げたもの。

サモサを買って食おうかどうしようかと思っていると、背中にやわらかく触れるものがある。振りかえると、七、八歳の女の子が、赤ん坊を抱いて立っていた。その子がぼくの背中を指でつっついたのだろう。

掌を出して「お金を恵んでくれ」と言う。赤ん坊はすやすやと眠っている。「この子も私も何も食べていないので、おなかがぺこぺこだ」というようなジェスチャーをする。

まァ、インドにいると乞食は間断なくやってくる。ほどこしをすることは、仏教でもイスラム教でもキリスト教でも善行である。

物乞いをしている人に金などやると、労働意欲をなくし、ロクなことにならないから、やらないのだという人もいる。それもまったく正論である。しかし、ぼくは必ずというのではないが、ポケットに小銭があればなるべくあげることにしている。

イスラムでは、「楽園に入って誉れに輝く」のは金を恵んだものだけで、貧乏人にほどこしもしない人間は、地獄の業火に焼かれてしまうなどとコーランにある。

別にコーランに書かれていることに恐れをなしたり信じたりしている訳ではないが、できる時はするだけだ。

ぼくがその子にポケットの中の小銭を渡すと、彼女は、サモサを

一つ買って釣り銭をにぎりしめて食べていた。

ぼくもサモサを二個買って食べようとすると、足の後ろの腿のところをとんとんと突かれた。先程の少女は、腰よりやや上のところだった。今度はずいぶん小さな子供だなァと思って振り向き足元を見ると、四角い板の上に乗って、ぼくをふり仰いでいる青年がいた。板の下には小さなベアリングがついている。

むきだしの太腿の根本から脚はない。太腿の先端は株のように丸くなっていて、腰にわずかばかりの布切れが巻き付いているだけで、上半身は裸だ。

地上五〇センチぐらいのところは、道からの照り返しですごい熱さだろう。褐色の体は、うっすらと汗をかいている。小銭を渡そうとすると、男は筋肉隆々の二の腕をさっと伸ばした。思わず、サモサを買った釣り銭を渡した。

「彼らのほとんどは、乞食をするために親が両足を切断してしまうのだ」と、ダットは言う。

「しばしば、両手両足も切るね」

しかし、彼には幸いにも両手はついている。彼はその手でサモサをつかみ食っている。

悲惨であればあるほど乞食としては、有利であるらしい。

悲惨であるには違いないが、表情にはそんな雰囲気はなく、とにかく明るく積極的だ。

子供たちは、ぼくらを囲み「ハロー、ジャパニ、バクシーシ（施し）、バクシーシ」と口々に言っている。

子供の中には、インドのタバコ、ビリーをぷかぷか吹かしているのもいる。

靴を磨く道具、車の窓や車体を拭く布切れを持って立っている。それぞれに何かをしようとしているのもいれば、ただ金をせびるやつもいる。

いきなり牛が目の前に立ち止まった。

痩せこけてはいるが、何も恐れない。車も、牛が横切るのを「どうぞお通りください。止まっています」という卑屈な態度だ。牛は黒く大きな目でじっとこちらを眺めている。「ハロー、ジャパニ、バクシーシ」と牛が言ったと思ったが、目の前にいたのは白い髪を背中まで垂らしたサドゥ（聖者）だ。

薄汚れた黄色い袈裟が、肩からずり落ちそうになってぶら下がっている。解脱するまで修行をした聖者のたたずまいなのだろうか。施しを受けながら徘徊しているのだ。

牛は首をたれ、路上からのバクシーシを受けている。

デリー大学で学んだインテリであるはずのダットは、「ぼくは牛にはバクシーシするが、子供にはしない」と言う。なにをバカなことを言うのだと思った。人間より牛のほうが尊いというのだろうか。

そしてダットは、横にいた聖者にはバクシーシしていた。聖者は、礼も言わず胸を反らして遠ざかった。

「ぼくは牛や聖者なんかにバクシーシしない。子供にはする」と言うと、ダットの顔色が変わった。しまったと思った。宗教や神仏の話は外国ではするなと言われている。

慌ててそこを離れた。おかげでその日は、サモサを食べそこなったというわけである。

砂糖キビのジュースにもスパイス　インド＊ムンバイ

路上に出たところで、盛大に砂糖キビの束を広げて、男たちは大きな二つのローラーの間に砂糖キビの茎をはさみジュースを絞っていた。

思わず、コップに一杯飲んでしまった。かち割り氷が入っている。キーンと冷たい。そういえば果物のジュース類も「アブナイぞ」と言われていたっけ。飲んだ後で気がついた。もっと危ないのは、氷である。

砂糖キビのジュースは、タイなどの東南アジアでも何度か飲んだが、青臭いものだが、インドのそれにはショウガ汁とシナモンが入っていた。

「さすがスパイスの国インドの工夫だ」と感心した。それに腹具合が悪くなったりもしなかった。

そうなると、タガがはずれてしまった。

次に、ラッシーを飲んだ。これもどんな街角の店でも見かける。粘土で作った深い

鉢に入れたヨーグルトに、水を加えて強く攪拌して作るのである。これがまたべらぼうに結構なのだ。インドにいる間、ほとんど毎日飲んでいた。生水が混ざっているのに、ヨーグルトのせいか腹具合は何ともなかった。

ほかにも赤、黄色、グリーン、白と、さまざまな色彩の濃縮した液体が瓶に入ったものがずらりとならんでいる。

瓶の口に白い砂糖が、こびりついていた。蜂がぶんぶん瓶の周りや、男の腕や体の近くを飛び回っていた。濃縮した液体をコップに注ぎ、水を加えている。しかしあまりに甘そうだ。飲む気がしなかった。

今まで見たこともないものを見つけた。見つけたのはムンバイの海岸だった。

ベルプリという菓子を屋台で売っていた。

ピンポン球ぐらいの大きさで、そのなかに酸味が強い液体が入っていた。

インド人は好きだという。それがのどの渇きを癒してくれるらしい。危険だと知りつつも、渇きに耐えかねて思わず手にしていた。

酸味が強いが、渇きを癒してくれ、暑さでぐったりとした体に喝をいれてくれた。

しかし、その結果は……。

ほかにも屋台で、分厚い青い皮をすっかりとりさった西瓜の赤い果肉が、氷の上にのせてあるのを見つけた。いかにも涼やかである。

西瓜の水分は九五％で、牛乳が八五％前後。西瓜は水と変わらない。のどの渇きを癒すには西瓜だろう。サトウキビジュースの時のように香辛料を振りかけてくれる。それがなんともエスニックだ。

人参だけで作ったデザート　インド＊デリー

まるで、兎のためのデザートのような、一〇〇パーセント人参だけを使った甘いものである。人参だけでこんなにうまいデザートができるのだろうか、と感心した。あるインド人の富豪の結婚式で、デザートの一つとして出てきたものだが、人参であることは色から見て分かった。人参じゃどうかなァと味を疑っていた。だが、なんともうまく調理されていると、感心した。人参の野菜っぽさはかすかに残っているのがいい。後で、簡単な作り方を書くが、レシピを聞いてなるほどと思った。

インド人は、世界でもっとも巧みに野菜を栽培する技術を持ち、地球上のあらゆるところに住みつき、野菜の流通に携わっている。

アフリカなどでは、ほとんどの野菜や果物を扱っているのがインド人、というところも多い。そして、野菜を調理するのも当然のようにうまい。

インド人の大半がベジタリアンであり、肉をあまり食べないからだろう。野菜を使

う料理の技術が卓越しているのも、当然かもしれない。
　インドを旅したときも、ベジタリアンのための料理が多かったが、なかなか濃厚で、肉を食べなくともやっていけそうな気がしたものだ。
　この人参のデザートは、ガージャル・ハルワという。そのレシピだが、人参は六〇〇g、バターを溶かしたギーが六〇g、砂糖は一＋1／4カップ、生クリーム一カップ、ミルクは一ℓ、アーモンドは2／3カップ、カルダモンが材料になる。
　そして作り方だが……。
①　人参は皮をむき、すりおろす。
②　厚手のフライパンにギーをとかし、1の人参をいれ、ミルク一ℓ、生クリーム

一カップを注ぎいれ、杓子でかき混ぜながら、強火から中火で一時間ほど煮る。スプーンにポッテリとくっつくぐらいに、全体量が半分ぐらいになるまで煮詰める。

③　アーモンドは、熱湯にしばらく漬け、皮をむき、フードプロセッサーで粉末にする。

④　2に、砂糖と3のアーモンドの粉末を加え、一〇分ほど煮る。

⑤　鍋の中身が固まったら、カルダモンをいれ、皿に盛り室温で冷やす。上から銀箔を被せるといかにもインド風になり美しい。

兎になったように食べたくなる。

人参汁の絶対的効果

韓国＊ソウル

韓国人が昔から万能薬として信じているのが、高麗人参である。

参鶏湯をはじめスープや料理に、薬酒などに使われる。

高麗人参を普通の土地に四年から六年ぐらい育てると、収穫された後は土地の養分すべてを吸収し、植えておいた同じ年数たたないと、いかなる野菜も育たないと言われているほどだ。その事実だけでも、その人参の中に含まれている養分は、大変なものだということが想像できる。どのようなものが含まれているのかは知らないが、不老長寿の薬があるとすれば，この高麗人参が最右翼だろう。

韓国の人々が、高麗人参を崇拝する気持ちはただごとではない。

いつかどこかの山で天然ものの大きな人参が掘り出されたら、それに数百万円ほどの値が付いたというのだから、貴金属なみである。

　ホテルから出て、「さて、朝食は何を食べようか」と歩いていると、人参汁と書かれた屋台が目に入った。高麗人参の効用について耳が痛くなるほどしばしば聞かされていたから、見た瞬間にその屋台の前に直行した。

　一人の男が、その屋台のところで飲んでいた。いかにも効きそうな風情が漂っている。「ぼくも一杯飲みたい」という意思表示で、人差し指を立ててみた。すると屋台の主人は、左右の人参を指差して「どちらにするか」と言った。

　高麗人参はやや大きめで、髭の根の少ない六年ものがいいと聞いていた。そこにあるものが六年ものかどうか分からないが、ジュースにするくらいだから、まァ、クズとまでは言わないが、そうたいしたものではあるまい。

大きい人参の方が一杯二五〇〇ウォンで、小さい方より五〇〇ウォンほど高い。

屋台の主人は、「大きい方がいい」というようなことを言っている。より身体に効くのなら、五〇〇ウォンぐらいたいしたことはないと、太っ腹のところを見せた。

男は、紙でできた牛乳パックで飲んでいる。

屋台の主人は、ぼくが指差した方の高麗人参を取り出すとざくざくと切り、それをミキサーに入れ、蜂蜜大さじ一杯をたらりたらり、そして白胡麻をぱっぱっと入れた。

次に紙パックの口を開くと白い液体を注ぎ、スイッチを入れた。しばらくすると、人参とすべてのものが混ざりあった。その紙パックにジュースをもどし、ぼくに差し出した。

ひんやりとした液体が喉を通る。

高麗人参の匂いが、鼻腔に抜ける。

蜂蜜のやさしい甘味を、舌に感じる。

後日、紙パックに印刷されているハングル文字を読んでもらって分かったのだが、ローファット・ミルクであった。

次の日から、毎朝そこを通ると、どうしても飲まないではいられなくなっていた。

効果はいかに、と問われるだろう。

韓国に行ったらぜひ飲まれることを、お勧めする。

ルジャックという果物スナック

バリ＊ウブドゥ

バリは果物の宝庫である。

果物は、一年中豊富にあるが、とくに一二月から四月ぐらいの雨季は、果物の艶、色、味と充実している。たっぷりの雨と高い気温が、果物をおいしくするのだ。

その雨季のまっただなかの二月に、ぼくはバリにいた。雨季にしか食べられないドリアンを思いっきり食べたいからだ。とにかくドリアンを食べまくった。

ドリアンはどんなところになっているのだろう。さすがに中庭でというわけにはいかないようで、残念ながら、ドリアンを栽培しているところは見ていない。

マンゴーの木なら、どこの家にもある。森にも立派なマンゴーの木があり、熟してはいなかったが、緑色の実がたわわにぶら下がっているのを見た。

バナナ、マンゴスティン、ライチーなども鈴なりである。そのままもいで食べてもうまいだろうと、思われるものもあった。

市場にもいろいろな果物が、山のように集まってくる。

その日は、腹が空いてはいたが飯を食べる気にはならなかった。こんな時は果物をかじればいい。

完熟した果物はうまいが、もっとうまい果物のスナックがある。それを食べさせるところに行った。

そのワルン（大衆食堂）は、薄暗い天井から土間まで日用雑貨をところせましと並べて売っている。そのほかに、バリ人がコピーと呼ぶコーヒーもあり、昼にはナシブンクス（お弁当）、ナシチャンプル（一皿料理）などの簡便な食事もできる。その時泊まっているホテルから近いせいもあり、そこで、ルジャックというものをしばしば食べた。

これは、バリではちょっと腹が空いたり、何か食べたいという時に口にするスナックであるが、ぼくは朝食に食べていた。

丼のようなものに未成熟のパパイヤ、バナナ、固いアボカド、パイナップル、瓜、西瓜など、とにかく手元にある果物ならなんでもいい、いろいろな果物が食べやすい大きさに切って盛られている。

おもしろいのは完熟したトロトロした果物に、未成熟なカリカリとした果物が、混ざっていることだ。食べた時にリズムになって感心する。

ただそれだけなら、果物を何種類か食べればいいのだが、一工夫してある。果物にかけるソースが、ぴりっと辛く、甘酸っぱいのである。そのソースは海老のペーストのトラシー、飛び切り辛い小さな唐辛子、酸っぱいタマリンド、ココナッツ・シュガー、塩、水を鍋に入れて煮た後、それをこして冷たくしたものである。

ぼくは、あいにく風邪ぎみであまり濃厚なものを口にしたくなかった。こんなことは滅多にないし、それに果物もあまり好きではない。だが、今回ばかりは果物三昧だった。

一つ一つの果物も味わい深いが、一度にいろいろな果物が食べられるのはうれしかった。それに独特なソースは、ただ甘いだけでなく鋭い辛味や酸味が加わっており、さらに食欲を刺激してくれた。

美人が二人、このワルンへやってきて、ルジャックを食べていた。他のところよりおいしいから、よく来るのだと言っていた。食欲のない時は、これに限る。やはり土地っ子もそうだった。いずれの国でも、ポケットの中の小銭で食べられるものが一番うまい。

一〇〇〇ルピア。その時のレートでは、一一円ぐらいだ。

朝から菓子をクエといわれてもなァ

インドネシア＊ジャカルタ

朝食を食べた後、市場を歩いていると素朴な菓子を並べている。「クエ」と声をかけてくる。

「クエ、クエ」といっても、朝飯を食ったばかりだ。それに朝から菓子は、あまり食う気になれない。どれもこれも、米や、タピオカ、緑豆の粉、果物などをココナッツ・ミルクなどと一緒に蒸したり、焼いたりしたナチュナルな食材を調理したものがほとんどだ。それらの菓子を包んでいるのは、バナナの葉である。なんとも美しい。椰子の木とバナナの木があれば、生活ができるといわれる南国だ。屋台で朝食を買ったときにも、いろいろなおかずや御飯をバナナの葉で包んでくれた。

この市場でも、肉や魚をバナナの葉で包んで手渡している。

豚の丸焼きも、バナナの幹の皮で挟み、椰子の茎の繊維を細く割き、それをよったた

紐でくくって担いでいく。

なるほど、なるほどとおもっていると菓子を指差して「クエ、クエ」と、また、言う。

しばらくすると、少年がバナナの葉を箱形にした中に、白くやわらかな菓子が入っているものを買って食べ始めた。とろりとしたものをスプーンですくって食べている。少年も「クエ、クエ」といってすすめてくれる。どうして少年も日本語を知っているのかと首を傾げた。

少年が食べている菓子は、何という名前だと聞くと菓子屋の兄貴が、「プテリ・ベエレインダム（Pueteri Berendam）」と言う。

プテリとは、プリンセス。ベエレエンダムとはバスタブという意味であるらしい。

プリンセスのバスタブということになる。なんとすばらしいネーミングだろう。言葉を操るのは、詩人だけの仕事ではない。

街の通りやお菓子やあらゆる身近なものの中に、詩そのもののような名前がある。そんな名前も庶民がつける場合がほとんどだろう。

だれだって「プリンセスのバスタブ」なんて聞くと、食べてみたくなる。もちろん、食べてみた。なつかしい味だ。

米の粉に砂糖を混ぜ、熱湯をかけたものを、子供のころに食べたことがある。それに似ている。たが、ココナッツ・ミルクとただの白湯とでは、濃厚さが違う。

聞くと、米ではなく、小麦粉と砂糖とココナッツ・ミルクで溶き、それを蒸したものだと言う。米粉も入っているはずだがなァと思ったが、言葉の行き違いもあるだろう。はっきりとは分からない。

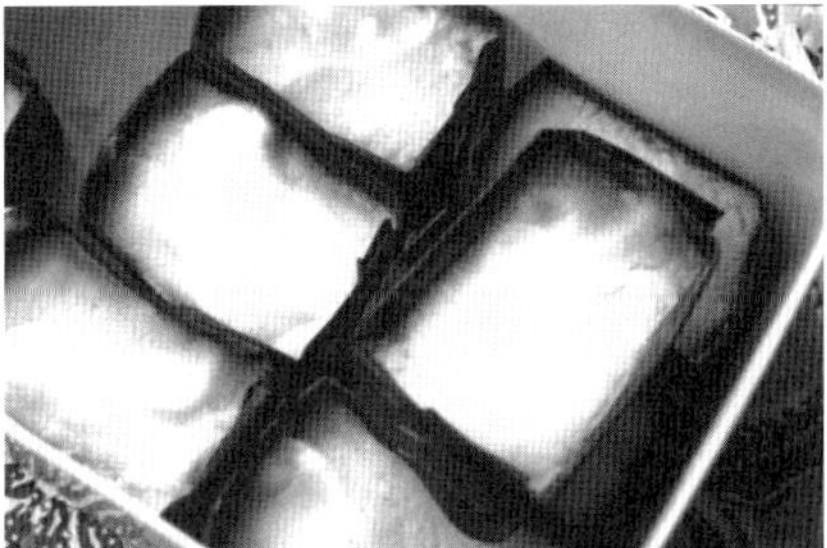

目の前にあるお菓子は、すべて安いものばかりだ。その中でももっとも安い菓子で

あるのに、なんと豪華な名前だろう。

後で、並んでいたすべてのお菓子の名前を聞いておくべきだった、と後悔している。たぶん、他にもすてきな名前があっただろう。もっとおもしろいというか、空想をかきたてられる名前があったはずだ。

クエ、クエとうるさく叫んでいたが、「食え」という意味ではなく、「クエ」とはお菓子一般のことだった。

カキ（Cachi）って何だろう？　イタリア＊ミラノ

家が、やっと見かった。

四十数年前のことだが、ミラノに行って一カ月ほどホテルに泊まっていたが、やはり不便だった。

だから家を探していたのだが、ミラノの街の中ではなく郊外がいいと思った。そんな条件に合う家がみつかったのだが、ほとんど家具らしいものはない。しかし、とんでもなく豪華な、動かせないような家具やベッドはいくつか残っていた。

もう二十数年も使われていないらしい。家の外壁は薔薇と藤が蔓を伸ばしてからみついており、二階の窓の扉を開けるのさえ大変だった。二階の窓を開けると、中庭が見えた。

この家の管理をまかされているエリカばあさんに、その庭を案内してもらった。

中庭の向こうの外庭は、コリント（円柱）が並ぶ葡萄畑になっている。

イチジクの木が二本ある。まだ見えないが、秋になると実が大きくなり、熟した実を生ハムと一緒に食べると、「ブゥオーノ（うまいよ）」とエリカばあさんは言った。「メロンなんかおよびもつかないさ」とも言った。

昔は葡萄畑の葡萄をもぎとり、ヴィーノも作ったという。だが、今ではほとんど手入れもされておらず、貧弱な葡萄がぶら下がっているだけだ。

サクランボの木もある。

突然、エリカばあさんが「カーキ、カーキ」と叫んだ。

一体なんだろう。見当がつかない。高い木を指さしカーキという、そして食べるまねをした。そうか。柿だ。

カーキの木は、昔日本からもってこられ、

イタリアでもカキ（Ｃａｃｈｉ）と呼ばれているということだ。

春先で、葉だけが茂りはじめているが、柿の実は当然まだ見えない。

この家を借りてから半年ほど経つと、無数の柿の実がなった。

数百個の柿の実をもぎとった。

その、まだかたい柿をカリカリと食べていると、エリカは目を白黒させていた。

「どうしてそんなにかたいものを食べるのか」と言う。

「ぼくら日本人は、かたいものを切って食べるのだ」と言うと、イタリア人はもぎとってから長い期間放置しておき、やわらかくなってから食べるのだと言った。レストランでは、デザートのところに「季節の果物」があり、秋にそれを注文すると、柿が出てくることもあった。

その柿は、溶けかかったアイスクリームのようにとろとろしていた。柿の皮を破り、柄の長いスプーンをつっ込んですくって食べた。市場でも、かたい柿はほとんど見ない。やわらかいものを売っている。日本から持ってこられた木に実った柿は、大半が渋柿だったのではないだろうかと推測した。だから、もいですぐには食べられなかったのだろう。そのまま放置しておいて食べてみると甘い。そこで、熟してから食べるという習慣になったのだろう。では、今なぜ渋柿ではない木があるかが不思議になるが、土の性質で、甘柿でも渋くなったり、渋柿も甘柿になったりするらしい。

米料理・鍋料理は、どこでも食べたい

アランチーニを食べながら　イタリア＊ミラノ

映子さんは、イタリア男と結婚している。

その映子さんからハガキがきた。

息子と娘がおじいちゃんとペックのアランチーニを食べにいくのを、楽しみにしていると書いてあった。

ペックはぼくがミラノに住んでいた時は、毎日のようにサラミ、生ハム、肉、パルミジャーノ、そしてイタリア中から集められたすばらしい食材などを買いにいった店だ。

白い上着に黒い蝶ネクタイの店員が、カウンターの後ろにいて、扱っている食品もすばらしく、なかなか高級な店である。そのペックの近くに同じ系列のレストランがある。そこでは調理されたものが食べられる。

ラザーニア、サラダ、ピッツァ、パスタ、焼いた子豚、鶏、とにかく超一流のうま

いものが、ここにある。そこでアランチーニを売っているのだ。

ぼくらも食材を買いに行った時など、寄ってしばしば食べたものだ。

アランチーニは特に大袈裟な料理ではなく、子供のにぎりこぶしほどのコロッケ状の米料理である。これは本来、シチリアの郷土料理だが、イタリアのどこでも食べられる。

久しぶりに、アランチーニのことを思い出した。

米をトマトピューレで煮たものと、サフランで煮たものの二種類がある。それを丸くにぎり、まんなかにモッツァレッラを入れて溶いた卵に潜らせ、パン粉をつけて揚げてある。

熱々のやつを半分にちぎると、チーズがとろりと糸をひく。それをかじるのだが、これはたまらなくうまい。

ちょっとお腹がすいたけれど、レストランに入って食べるほどでもない。しかし、空腹のままではつらいという時には、このアランチーニを一つか二つ食べれば夕方までのつなぎにはなる。

そのアランチーニを白い紙に包んでもらい、歩きながら食べたものだ。

映子さんの義理のお父さん（子供たちにとってはおじいさん）は、かつては料理人だった。しかし、料理を作るのは面倒になったと引退してしまった。だからうまいものが食べたいと思うと、一二歳の息子と八歳の娘を連れて、いろいろなうまいレストランを食べ歩いているらしい。

次の週にきたハガキには、ペックのアラン

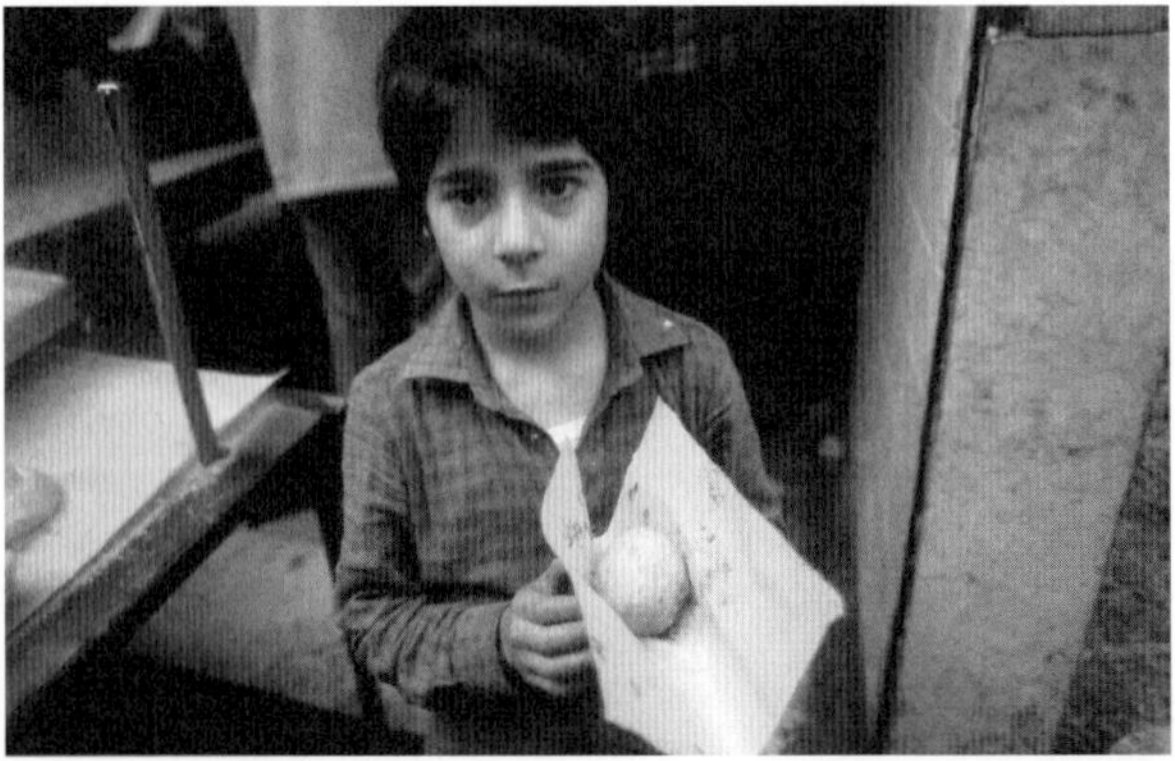

チーニを、息子は四つ、娘は二つ食べたとあった。

おじいさんは「ペックのアランチーニは小さいなァ」と嘆いていたようだ。たしかにペックのものは上品でうまいが、小振りかもしれない。

わが二人の息子が幼稚園のころ、シチリアを旅したことがある。その時しばしば買い与えたのが、アランチーニだ。持たせると、子供の手にあまるほど大きかった。

アランチーニとは、小さなオレンジという意味である。だからオレンジぐらいはあってもおかしくないが、ペックのものはもっと小さい。

チーズを使った二つの料理は……

スイス＊インターラーケン

スイスでおいしい料理といっても、これだというものはあまりない。しかしスイスならではの、チーズ料理がある。

一つはチーズ・フォンデュー。これは異存はないだろう。もう一つは、ラクレット。二つとも素朴だがうまい。

スイスは、ほとんど四〇〇〇mクラスという山に囲まれている。畑を耕すといっても、体が斜めになってしまうぐらいの斜面ばかり。だから、そこで収穫されるものは、せいぜい飼料用の牧草ぐらいだから、牛に食べさせ、その肉や乳を利用する。乳をそんなにガブガブ飲むわけにもいかないし、そのまま長期保存はできない。そこで乳を攪拌してバターを作ったり、発酵させてチーズを作るのである。

チーズ・フォンデューもラクレットも、チーズをふんだんに使う。

チーズ・フォンデューは，小さく切ったパンに溶けたチーズをからめて食べるが、ラクレットは、ジャガイモにからめて食べる。どちらが好きかは個人の嗜好によるが、両方ともうまい。チーズ好きならたまらない。

どこの国でも、さほどの出費をしなくてもうまい料理の一つや二つはある。ただし、その土地で食べるのが一番というのが、ぼくの考えだ。

このフォンデューも、スイスの山荘で食べたから、いっそうおいしいと感じたのだろう。

チーズを削り、厚手の鍋に入れて溶かし、パンをからめてフウフウ言いながら食べる

のは、外の寒気を忘れさせてくれる。やけどしそうになった舌を、白ワインをパッと飲み、冷やしながら食べるのはたまらない。

もし、食べている途中で、自分の串に刺したパンをチーズの鍋に落としたら、女の人ならキスを、男ならワインを一杯ずつおごらなければならないという、罰ゲームというか、遊びがある。

ラクレットは、レストランで食べた。

家庭では、暖炉の火に大きなチーズの切り口をかざし、炎の熱でトロリと溶けてきたところに、茹でたり焼いたりしたジャガイモをつけて食べることになる。

しかし、レストランでは何人もの客に供しなくてはならないので、熱源が一つでは足りない。そこでは、縦にした電熱器をいくつも並べてチーズを溶かしていた。

これは、いくらでも口に入る。だからといって一度にどっさりというわけにいかない。溶けたチーズは、蠟燭がしたたり流れたようになって固まってしまう。それではおいしくない。

半分に切ったジャガイモ二個の上に、とろけたチーズ。そのようなとろけた状態で食べて、何度かお代わりをする。どれだけ食べたのか、誰が食べたのか分かるように、3とか4とか皿に数字が焼きこんである。3なら3の皿の人が何枚食べたか、それを見てお金を払うということになっている。これなら、まず間違うことはないだろう。あるいは同じ皿を使い、何度食べてもいいという設定のところもある。

お金持ち国家スイスでも、普段はじつに質素な食事しかとらない。冬には、新鮮な材料などそう簡単に手に入らなかったろう。残ったジャガイモと残ったチーズだけでの食事である。そんな料理が本質的においしいし、飽きることがない。どこの土地でも、余った材料、それしかないという材料で作ったもののほうがおいしい。

スイスの風景はとびっきり美しいのだが、生活は厳しい。

そんな生活を反映しているのが、この二つの料理だ。

石焼きビビン・バップ

韓国＊全州

一つが五、六キロもある石鍋が、家に六つある。今では、東京でも簡単に手に入るようになったが、三四、五年前はそうではなかった。そこで、韓国へ出掛けた時に持ち帰った。とにかく石でできているから、重いのはあたり前だ。しかし、なんとしても持ち帰るゾと思った。石焼きビビン・バップを全州で食べて調理法を教わったので、「何としても東京で食べるゾ」という気持ちがあったからだ。

一つでいいのではないかと言われるかもしれないけれど、「割れてしまっては」とか、「何人かの人が一度に来た時はどうしようか」と心配になる。となるとやっぱり六個はいる。

一つが五キロとすると、六個で三〇キロ。布で包み、ロープでグルグル巻きにし、二つの荷物にした。その他に、カメラのジュラルミンのケースが三個。それに、サムソナイトのカバン。アシスタントはいるが、とにかく石を運ぶのだからウンザリした。

空港のカウンターで、あまりに重量オーバーだったので、受けつけの女の子が「どうしてこんなに重いのですか」と首を傾げた。「石鍋だ」と言うと、首をさらに傾げた。「ビビン・バップを作るためだ」と言うと、「商売なのか」と聞く。「いや、みんなに作って食べさせるのだ」と言うと、クスリと笑い、オーバーチャージのかなりの金額を払わなくてすむようにしてくれた。払っていたら、一つの石鍋がえらい高価な物になってしまっただろう。

石焼きビビン・バップを、アルミの鍋などで作っては、すぐに底

が焦げつき、うまくない。鉄鍋でもあまりうまくはいかないだろう。石の、しかも肉厚の鍋でなくてはならない。

野菜を何種類ものせるのだが、一つの鍋で一緒に炒めればいいようなものだが、一つ一つの野菜の性質が違い、熱の通り方、同じ調味料を使っても味の染み方が違う。

石鍋にご飯をいれ、上から数種類のナムルを乗せ、それを火にかけたものが石焼きビビン・バップだ。

ナムルは野菜類の和え物のことである。ナムルには二種類がある。

石焼きビビン・バップを初めて食べた時は驚いた。

ビビン・バップは、スカラックでとにかく混ぜて食べろと言われていた。中身は、ユッケ

（生の牛肉を細く切ったもの）、大豆のもやし、ホウレン草、ゼンマイ、椎茸、大根の千切り、芹、イカ、卵焼き、松の実、銀杏、トラジ（桔梗）の根、そして、コチジャン、すりおろしニンニク、ゴマ油などだ。ひたすら混ぜていると、ユッケに火が通り、匂いがますます強くなってきた。アフアフ言いながら食べた。かなり辛いが、その辛さを押し退け、微妙な味がじわじわと口の中に広がる。

さまざまな野菜の味が米に染み、なんともいい味がする。

ゴマ油で炒める時に、その野菜によって調味料を替えて、特徴をうまく引き出している。その巧みに調理されたナムルを、ご飯の上にのせたものだが、それではちょっとタンパク質がたりない。生肉のユッケや卵焼きをのせる。

石の鍋に入れ、再び加熱し、コチジャンを好みの量のせる。辛いのが好きな人は、たっぷりかけるといい。このコチジャンは、全州のものがもっともうまいと言われている。

韓国式海苔巻きは、うまい、うまくない……

韓国＊ソウル

街角の屋台や飯屋（ポジンマチャ）などにも、韓国式海苔巻き（キンバップ）が並べてある。

韓国で、その光景を初めて見た時は、不思議な気持ちがしたものだ。

なぜ、韓国料理に海苔巻きがあるのか首を傾げた。日本の統治時代に、食べられるようになったのだろうか。フランス統治時代にベトナムでバケットを焼いていたのを、戦後も受け継いだようなものなんだろうか。もともと韓国にも海苔巻きはあったのだろうか。料理の本質からいうと、朝鮮のものではないような気がしてならない。日本人が海苔巻きを食べていたのを、真似たのではないだろうか。

日式と言われる系列の料理でも、今では完全に韓国式になっている。刺身もコチジャンをべったりつけて食べているし、河豚鍋もあるが、ちょっと風情が違う。真っ赤なコチジャンがたっぷりと使われたメイウンタン式にして食べている。

屋台で酒を飲んでいる時に、この海苔巻きを食べてみたが、なんだかぴったりとこない。酒を飲んでいたせいかと思う。

後に韓国の友人が、このキンバップを作ってくれた。酢、砂糖を混ぜないで、白いご飯のまま具を巻き込んでいた。

その具がおもしろい。魚のソーセージ、沢庵、人参、アスパラガス、卵焼きをそれぞれ細く切ったもの、ホウレン草のゆでたもの。かんぴょうは入らない。巻き終えてから海苔巻きの表面に胡麻油をぬり、胡麻を撒くとできあがりであった。

ぼくは、鮨のうまいところは鮨飯にありと思っているから、ちょっとめりはりにかけると思ったが、屋台で食べていた日本の若者たちに、「どうや、キンバップは」と聞くと

「結構おいしい」と言っていた。

市場、デパートでは、食品売り場で韓国海苔とキムチ、明太子をひたすら売っている。

韓国海苔は味付け海苔だ。日本の味付け海苔とは風味が違うが、別に買うこともない。普通の海苔の両面にゴマ油を塗り、塩をパラパラとふりかけて軽く焼くだけでいい。簡単にできる。

ムールの汁かけ飯

フィリピン＊ラウニオン

首都の北のマニラ湾を眺めながらチャーターした極彩色のジプニーに乗って、漁村のイスラ・デ・バルートへ向かっていた。

漁村に近づくと、路上で魚介類を売っている少年たちがいた。魚よりもマッドクラブや貝類が多い。

ビニールの紐でくくられたブルー・ルーグレーの蟹を、走ってくる車に向かって突き出していた。

何人か、やり過ごした。

一人の少年が、路上に座って飯を食っていた。ちょっと興味をそそられた。

ジプニーの運転手に車を止めるようにいって、その少年のそばへ行った。少年はいきなりタナボタで客がやってきたのかと、食べかけの飯の入ったガラスの皿を地べたに置くと、蟹をわしづかみにして、とんできた。

×ペソだ。△ペソだと、どんどん値を下げていく。買いたいのだが、どこかで調理できるところがあればいいのだが、あいにく旅人である。買うわけにはいかない。

何を食べているのかと聞くと、少年はそれに答えず、蟹を胸のところへ押し付けてくる。

蟹はビニールの紐でガンジガラメに縛られていて動けはしないが、口から泡をブツブツ吹き出していた。泥の中を這いずり回り、いかにも栄養豊富な餌を食ったように甲羅が厚く、がっしりぷっくりとしている。

少年から少し離れたところに、先程、地べたに置いた皿があり、その中に、いつも見なれた艶やかな黒ではない。ちょっと見たこともないグリーンに近いムール貝が入

っている。

少年はあきらめないで、蟹を買えと迫ってくる。「蟹はいらないよ」と言うと、ちょっとガッカリしていたが、腹が減っていたのだろう、その皿を手にして食べ始めた。

「うまいか」と聞くと、少年は笑った。

その料理は目の前の飯屋から買ってきたものだといい、近くの飯屋のほうを見た。するとそこの娘がやってきて、これと同じものを食べにこいと言う。

少年は、うまいよと言ってムールに挟んだ飯をくれた。スープが、たっぷりかかっている。ちょっと酸味があり、魚醤のパティスの風味があり悪くない。

少年と別れて、その飯屋に向かった。

少年と少女がぼくの後ろでケラケラ笑っていたが、その少女が、慌ててあとからついてきた。

漁村に一泊し次の日に、同じ道を通った。

一昨日の少年がいた。

手に蟹を持って、通過していく車に向かって差し出していた。

原価ゼロの魚の頭のカレー　シンガポール

頭のいい人がいるものだ。

ある男が、漁港にゴロゴロ転がっていた大きな魚の頭を見つけた。一瞬、ピカリと閃いた。そうだ、あれを使えばいい。故郷でも魚を使っている。

男は大きな魚の頭を、ココナッツ・ミルクと数十種類を超える香辛料で煮込んでみた。

一五年ほど前、シンガポールで昼食をとることにした。タクシー運転手に「何かうまいものを食べたいのだが、どこかにないかなァ」と聞いてみた。タクシーはインド人街の近くを走っていた。

「フィッシュ・ヘッド・カレーはどうですか」と言う。

「うん……」と言ったが、いったいどんなものか分からない。すると、もう一度ゆっくりと「フィッシュ・ヘッド・カレー」と運転手は言った。それまで聞いたことはない。魚の頭のカレーだという。

そのカレーで有名な店は、インド人街にあるごく普通の店だった。入っていくと、昼飯を食べにきたインド人で混んでいた。テーブルには皿ではなく、長さ四〇センチぐらいのバナナの葉が置いてある。その上にボウルに入ったパサパサのご飯をのせていった。そしてカレーをかけて食べている。

大きな頭が大きな鍋に入っている。頭の大きさから推し量ると、かなり大きい魚だろう。その時は仲間四人と一緒だった。ぼくらもインド人のように、右手だけで頭にくっついている身をちぎり、ご飯と混ぜて食べた。ギシギシとした脂とパサパサのご

飯が混ざり、ちょっと不思議な食感だ。

口にすると、ココナッツの風味と唐辛子の風味。ピリッと辛い。その刺激がなんともうまい。どうも、熱帯の赤い魚の頭のようだった。それからは、シンガポールへ行くと、一度はそのフィッシュ・ヘッド・カレーを食べるようになった。

今では、鯛の頭を使っている店も多いという。その他に鮪の頭もある。この頭やアラなどを使ったカレーは、別名ゴメス・カレーという。ただで漁港で拾ってきた魚の頭を使った頭のいい人の名前は、ゴメスさんという。

インド＊ムンバイ　ガラムマサラ、すべてがカレー風味

カメラのカバンにぶら下げていた五センチほどの寒暖計は、午前中だというのに三五度をはるかに超えている。

ムンバイの街へ出て、どこかのレストランで朝食をというつもりである。粗末なテーブルの上に並べられた料理は、濃度の違いはあってもどれもこれもカレー味である。薄いドサというパンだけが、カレーの風味がしなかった。豆の料理、茄子、そして鶏を煮込んだ料理も、いずれも日本人の感覚からすればカレーである。初めての日の朝の食卓から、カレーの軍団に襲いかかられることになった。

いずれの街の市場や路上でも、香辛料が売られていた。それもぼくらが見慣れている小瓶に入れられたものではなく、大きな缶や麻で編んだような袋の中に入れられている。男たちが担いでも軽々というわけにはいかない。そんな袋がずらりと並んでい

るのだから、壮観であると言うより、畏怖を感じてしまう。どうやってこれだけの量が、胃袋に入れられてしまうのだろうかと思った。
　眺めていると、香辛料の色彩にも負けないほどの鮮やかなサリーを着たご婦人たちは、てきぱきと香辛料を選んでいた。その量たるやすごい。あまり買い置きをしておくと、風味がなくなるというので、数日で使いきるだけの量である。日本の家庭なら一年でも使いきれないだろう。
　市場で買い求めた十数種類の香辛料を、あるものはぬるま湯に漬け、あるものはそのまま大きな板のような石の上に、あるものは石臼のようなものの中に入れ、それぞれに粉末にするのである。それで、野菜を煮たり羊肉などを煮込んだりする。そのガラムマサラの微妙な量の違いが、その家の味になるのである。

初めの一〇日ほどは、どの料理を食べてもその微妙な味というのが分からなかった。すべて同じに感じてしまった。しかし次第に一皿一皿の料理に味蕾が反応しはじめていった。

ガラムマサラの作り方を見せてくれた婦人は、家々の味の違い、そして地方によっても微妙に違いがあるのだと教えてくれたが、その言葉にうなずいたのは、それから一〇日もたったころだ。

南のゴアでは料理の辛さに、思わずのけぞってしまった。それでも、汗をかきながら口にしたその料理にも、味の差異を感じられるようになっていた。

インドに着いたその日に、店でカレーと言って頼んだら「そんなものはない」と言われて驚いた。インドにはカレーという料理名はないの

だ。あるとすれば南部のタミル語のカリという言葉が、やや汁気の多いソースというぐらいの意味になるらしい。

植民地として統治していたイギリス人が、ガラムマサラ入りの煮込み料理をカレーと言ったのだ。それで日本や英語を使う国々で、カレーと呼ばれるようになったのだろう。

見た目は悪いけど、　味は最高

ウニはパンと一緒に　イタリア＊マッザーラ（シチリア島）

ウニは欧米でもよく食べられていると聞くと、ちょっと奇異に感じる人もいるだろう。

魚介専門のレストランなら、すべての店とはいわないが、牡蠣、ハマグリ、ムール貝などと一緒に、生ウニも一つの大皿で出てくる。

牡蠣などの貝を生で食べるというのは理解できるのだが、生ウニを食べているのを初めて見た時は、少々驚いた。

シチリアのマッザーラという漁港にいた時のことである。市場をうろついていると、いつもぼくらについてくる少年がいた。いつのまにか、その少年がぼくらの案内人になっていた。

山のようにウニを積んでいる店の前に来た。

そこにいた男が、「ウニを食べたら」と言う。数日前に、おなじシチリアの都市であるパレルモの市場で、生ウニを食べている男の写真を、撮ったばかりだった。その時は食べなかった。しかし今日は空腹でもある。食べる気になった。

男は、巧みにナイフを使いウニを割り、指先でほじくり口に入れていた。すぐにもう一つのウニを同じように割り、ぼくの手の上にのせてくれた。同じように指でほじくって食べろというのだ。

普通は柄の長いスプーンがあり、それでウニをほじくり出す。

口に入れると、プーンと強い潮の香りが口の中に拡がった。それだけでは何か物足りない。すると、少年がレモンとパンを持ってきた。少年はそのレモンをウニに絞り、パンと一緒に食べろと言う。

そうして、ウニを食べていると、ときおり砂ではないが、口のなかでザラザラするものがある。それをペッと吐き捨てて食べる。男も同じようにして食べていた。どれほど食べたろう、かなりの個数を食べた。もちろんぼくだけではなく、一緒にいたみんなも食べた。

文字どおり海の栗毬《いが》の殻が、足下にかなり転がっていた。

「いくらなのか」と聞くと、男は「いや。いらない、いらない」と妙なことを言う。

「それでは、困る」と言うと、「いいんだ、別に……」と曖昧なことを言うばかりだ。

だが、彼とて商売だろう。金をポケットから出し、それを手に握らせようとした。

「いや、これオレのものではないから……」と男は後退りをした。そして目の前で手を左右に振り、「ノーノー」と言う。

「えっ⁉」さっきから食べていたのは、この男のウニではなかったのか。「じゃ、誰に払えばいいのか」と聞くと、「この店の男は、ヴィーノでも飲みに行っていないか ら、金はいいだろう」と、少年まで言う。それでは盗み食いになるではないか。困惑していると、少年は胸の前で十字を切った。ぼくにもそうしろというのだ。男も神妙に目をつむり十字を切った。それでよしと男は頷いた。

ぼくも十字を切ると、少年も男も「それでいいんだ」と言わぬばかりの顔をした。なんだか犯人になったような気持ちがして、あたりをキョロキョロ見回しながら屋台の前から足早に離れた。

新鮮な内臓を生で　韓国＊釜山

内臓は、見方によってはグロテスクな造形である。豚や牛の内臓も、解剖学の本に出ているような人間の内臓にそっくりである。これから近くの店で、内臓の刺身を食べることになっている。

内臓を解体し、いろいろな店におろしているバンさんのお姉さんにも、久しぶりに会った。初めてお目にかかってから、八年ぐらいたっている。彼女が予約してくれた店に行った。

昔の日本のように、店内は「これでもか」というくらい電灯が光っている。光が溢れ、影もできないほどである。

昔、この近くの店でどうしてもほしくて手にいれたジュラルミンの鍋と、同じ鍋を使っている。赤外線が出てくるという石が底に嵌まっているのだ。

肉が来る前に、いつものミッパンチャンが出てきた。前より皿の数は少なくなっている。残すような数を出さないようにしようということで、少なくなってきているようだ。

そして、待望の生の内臓が皿に盛られて出てきた。色彩が、氾濫している。湯気が出ているような新鮮なものだ。

ミーちゃんは、数日前から内臓の刺身を食べたいと言い続けていたので、目が光っている。

彼女の視線は、カン（レバー）、ハツ（シムジャン）、センマイ、チレ、脊椎の中のものに釘づけだ。

今朝まで生きていた牛の内臓を出しているということだ。

バンさんは、「まだ、牛の体温が残っているようなあったかい内臓だ」と言いながら口に入れる。

韓国風の細い真鍮の箸では、つるつるとすべって滑り落ちる。慌てて指で摘み、胡椒、塩、胡麻油を混ぜたタレをつける。

口に入れるととろりとしているが、しっかりしている。レバーの嫌な臭さもなく、牛乳のような香りがかすかにする。黙して食べる。

センマイもじつにやわらかい。牛の胃は四つあるのだが、センマイは三番目の胃である。

皮のようにかみにくいのではと思ったが、この生センマイはシャクシャクと歯切れがいい。

チレは血をきれいにし、女性の体にいいらしい。牛の胸の内部の肉らしいのだが、バンさんの英語での説明と、ぼくの牛に関する知識ではどうしても分からない。いったいどこにあるものだろう。

プサンで牛の解体をしているところで生の内臓を食ったことがあるが、やはり新鮮で初めてだったこともあり、感動したことがある。

バンさんは、焼き肉奉行を勤めてくれている。まず鍋の丸い縁のやや凹（くぼみ）になっているところにニンニクをずらりと並べている。そして、真ん中の石底に肉を置いた。ジュウジュウと乾いた音がし、肉

の焼けている新鮮な匂いが新たにしてくる。すでに周りの食卓で焼いているのに、目の前で焼けてくると新たな匂いがしてきたのだ。

バンさんは、肉が食べごろになると、自分の箸でつまんでぼくの皿に乗せてくれる。それが合図のようにみんなが食べ始めた。

次は、韓国味噌の中にニンニク、切り胡麻が混ざっているものがある。肉にその味噌をつけ、小粒の生ニンニクを一個乗せ、細く切った野菜、ネギ、ニラも一緒に葉に巻いて食べる。

包んだ肉を見ると、かなり大ぶりになっている。あごが外れるほどだろう。思い切って大口を開けてねじ込む。なかなか咀嚼できない。多分、目を白黒させて口を動かしていただろう。

次は包む中味をもう少し、少なくして食べる。

次にソレ・ダレをつけたのだが、これは絶品だった。たかがソレごときに絶品とは大袈裟だが、それほどの思いがした。それはどういうものか言うと、プチュ（ニラ）、パ（葱）、タシンマヌル（ニンニクのすったもの）大さじ5、カンジャン（醤油）、ショツユ（酢）。醤油や酢などの量は適宜。

その他に、ニラと葱も小皿の中に入っている。焼いた肉をそのタレにつけ、葱とニラをたっぷり肉に挟み、一緒に食べる。

見た目はグロテスクだが、その味には自信あり　韓国＊ソウル

ある屋台で、韓国式海苔巻きのそばに、同じように黒々として湾曲している赤ん坊の腕ほどもあるものが置いてあった。

それを食べてみた。韓国式ソーセージとでも言えるのだろうか。韓国では、スンデという。

スンデは、牛の小腸に血、春雨、牛の挽肉、糯米などを詰めたものである。そもそも北朝鮮の名物で、こちらは豚の大腸に詰める。

作っているところを見ると、大きな盥に牛の血、豆腐、もやし、葱、タマネギ、唐辛子、挽肉などを混ぜている。それを豚の大腸に詰め、蒸すのである。

本場の北朝鮮のものを、売りにしている店もある。

牛の小腸に詰めたものは、屋台でぶつ切りにして皿に盛ってくれる。

たっぷりした脂肪の味がする。唐辛子やコチジャンなどの鋭角的な味ではなく、ゆ

るやかな脂肪の味だ。ジューシーである。さすが肉料理の技術に長けた韓国人らしいものだと感心した。血と春雨と挽き肉を蒸した後のモチモチ感は、上質な肉を食べているような、それでいてやはり西洋にはない東洋の味覚である。

フランス、ドイツ、イタリア、いやヨーロッパや南米にもふんだんにある血だけや、血と挽き肉だけのソーセージは、クリスマスには欠かせないものである。

挽き肉だけではとても高価なものになる。そこで米などを加えて量を増やしソーセージ風にしたのは、韓国人の巧みなところだろう。

屋台などでよく見掛けるが、太くて黒くちょっと見た目はどうかと思うが、なかなかうまいものだ。酒の肴にもいい。

そのスンデとジャガイモなどを入れたスープを、スンデクックという。これも食べてみる価値ありである。

唐辛子を見ただけで舌が潤ってくる

韓国＊ソウル

二日酔いであまりしっくりしない朝、ヘジャンク（辛い牛骨味噌スープ）を飲みにというか食べに行った。青い唐辛子をかじりながら飲んだ。ヘジャンクそのものだけでも相当辛いのに、だ。

ヘジャンクを飲む。唐辛子をかじる。爆竹をつっこまれたように口中で破裂した。とにかく、「これでもか、これでもか」というくらい辛い。

店のクンスさんの話では、韓国人でも思わず頭のてっぺんを叩くというぐらい韓国一辛い唐辛子は、清陽《チャンヤン》産のものだという。この店で出しているのは、まだ大したことないと、平然と口に放り込んでいる。しかも生ニンニクをかじりながら。

一九八〇年代の古い記録だが、韓国人は一人当たり年間二キロという膨大な唐辛子を消費している。他国の統計はないが、メキシコやペルーなどの南アメリカ諸国よりはるかに多いだろう。東南アジアも相当な量が消費されているようにも思えるが、韓国の比ではあるまい。いや、大事な国を忘れていた。インドのカリーは、ぼくらが想像しているよりも大量に使う。南に行くほど辛さが増してくる。韓国とどちらが多いだろうか。

だが、不思議な話を聞かされた。在日韓国人の金さんは、日本の唐辛子は辛すぎてキムチを漬けても食べられないと言って、韓国産の唐辛子を使っていた。なんといっても風味がいいから、韓国に帰るといろいろな種類の唐辛子を持ってくるのだという。

市場では、干した赤黒い唐辛子が山盛りに積み上げられている。そして、そのそばに「粗碾き」「細碾き」の唐辛子の粉もビックリするぐらいのボリュームで並べられている。それだけの量が消費されるのだ。

唐辛子の辛さの素であるカプサイシンは、脂肪を分解しエネルギー代謝を促し、体を熱くし、スリムにさせる効果があるらしい。またビタミンA、ビタミンEなどの摂取ができる。そんな栄養面や生理的な効用もあろうが、そんなことよりも、唐辛子の色を見ただけで舌が潤ってくる。とにかく「モリモリ食うぞ」という気分にさせられるから、唐辛子の威力はすごい。

最近は、食材が韓国から輸入され、辛いだけでなく仄かな甘みもあり、香り高い唐辛子が容易に手に入るようになった。

店の中で唐辛子を碾いている。荒碾き、中碾き、細碾きなど客の注文に応じてくれる。その匂いが流れてくる。カプシンサンの匂いだろう。唐辛子は辛さだけでなく、風味を楽しむものだというが分かる。肉や魚、野菜に使われるのはそれぞれの素材を生かしてくれるからだろう。

赤い唐辛子を見ているだけで、舌がひりひりしてくるが、辛さはさほどでもない。

青い唐辛子は、焼肉やヘジャンクなどいろいろな料理を食べると必ずといって出てくる。飛び切り辛いのは韓国人でも避けたがる。見分け方は、ちょっと唐辛子の端をちぎり匂いを嗅ぐというもの。辛いやつは匂いが鋭く尖

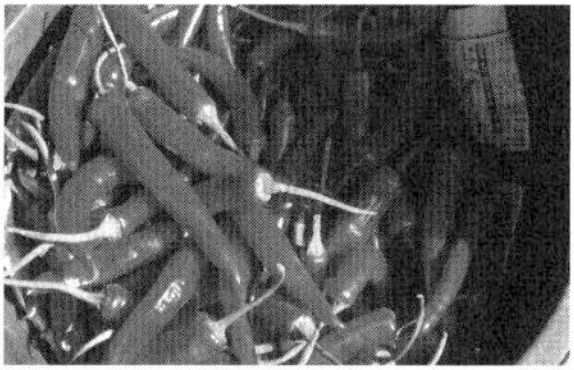
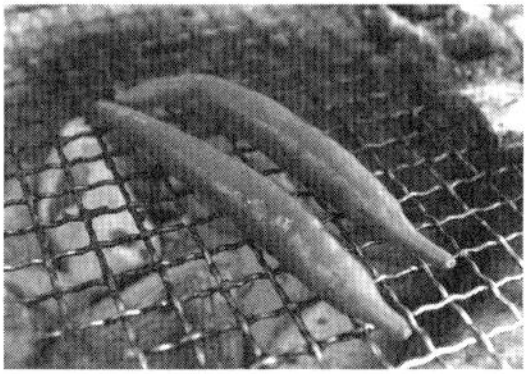

っている。

やや大きめの唐辛子は、辛さよりも風味がいい。唐辛子は小さくなるほど次第に辛さが強くなる。

唐辛子を酢で漬けたものもある。ピクルスに似ている。

豚の顔が笑っている

韓国＊ソウル

坂をおりると、屠殺場から仕入れてきたさまざまな肉や内臓の小売りをする市場がある。

店先に、豚の頭が六個ぐらい並べてある。坂の上の屠殺場で、山のように積み上げてあった豚の頭を小売りするところで、顔の表情が分かるようにきれいに並べてある。つくづく眺めていると、店の女に「一つ買ってくれ」と言われた。しかし茹でなければならないし旅行中なのでダメだと言うと、「ここで茹でてやるから食べろ」と言う。しかし、尹君と李君と自分の三人ではとても食べられる量ではない。

頭を一つ食べるだけの強靭な胃はすでにない。

三五年前のぼくなら、「食べてもいいかな」って気持ちになったかもしれない。今では、頭一つというわけには、とてもいかない。四分の一ぐらいならなんとかなる。

「四分の一ならいいよ」

「ダメ、ダメ、ぜんぶじゃなくちゃ」

それでも、三人で頭一つでいいということで食べることにした。

豚の頭は食べたことがないが、フランスで、豚の耳や鼻を食べたことはある。

耳は、サラダのようにワインビネガーと、パセリ、マスタードを混ぜたソースをかけて食べた。

口に入れると薄い肉質の中にコリコリと軟骨のような歯触りがあり、不思議な食感であった。

沖縄にもミミガーがあり、中国では五香粉と砂糖、醤油で煮た冷菜を食べた。

「どれがいいのかい」と聞くと、女はヘラヘラと笑っている豚を手にした。豚は死んでいるから笑っているわけではないし、もし生き

ていても笑うはずはないだろう。だが、女は「豚の表情は笑っているのじゃないとだめよ」と言う。尹君も、豚の頭は縁起ものだからと言う。それで笑っているやつを一つ選んだ。

女は、バーナーで頭の毛を焼いた。そして電動鋸で豚の頭を鼻のところから、真っ二つに切った。ちょっとオカルト的でもある。それをもう一度二つに切った。

大きなアルマイトの鍋に水を入れ、大きなガスコンロに火をつけ、四つに切った豚の頭をどぼんと落とし入れた。しばらくすると、少量の味噌と塩と化学調味料を混ぜたものをその鍋に入れた。

そして最後に、インスタントコーヒーの粉末を大さじ五杯ほど加えたのには驚いた。茹であがった豚の頭を色よく仕上げたり、香りをよくするというのだ。

鍋から湯気がもうもうと上がる。ここでじっと待っているのはつらい。

すぐ隣で豚足を売っている。豚の白い足がきれいに積み上げられ、足先がこちらを向いている。白くふっくらした足の一本一本には、エクボのようなものが見える。女性の腕のようだ。

両手をついておじぎをしているように見える。二つに割れた豚の爪は、うっすらとピンク色をし三つ指をついている。

一時間はたっただろう。カタカタとアルマイトの蓋を震わせ、盛大に湯気が上がっていた。

「もう、ゆであがったかなァ」と言うと、女は肉を取り出し、台の上に乗せた。四等分された頭の一つの肉塊から、湯気が丸く吹き上げていた。それを、女は切った。

切断された頭の骨ははずされ、スライスされた。それに粗塩、コチジャン、テンジャン、アミの塩辛などを付けて食べた。

熱いやつを、ふうふう言いながら食った。

この世に、こんなうまいものが！　子豚の丸焼き

香港＊ホマンティン

　香港の細い路地をおおって、壮絶にせめぎあっている看板を仰ぎみながら歩いていると、腹を裂かれた豚が、半開きになった口を上に目を見開き、竹で編んだ籠の中に転がっているのに、よくぶつかったものだ。それが、まだ子豚であったりすると裸の子供の死体のようで、背中に戦慄が走るのだが、毛をきれいに剃ったその薄い皮膚を眺めていると、一度でも片皮全乳猪（子豚の丸焼き）を口にしたものなら、怖い気持ちはどこへやら消えてしまい、路地の裏で、ドラム缶を二つ合わせて作った釜の中で逆さまにぶら下がって焼かれている子豚を頭に描き、ソワソワするに違いない。

「片皮全乳猪は前日に頼んでおいたほうがいい」と、カージャは言う。その店は特に名が通っていて、いつも混んでいるという。時々、その日に焼いた量だけでは足りなくて食べられない時があるというのである。それは大変だ。そんな話を聞くと焦る。電話をして、予約の時間にその店に行くと、しばらくして、無事食卓に子豚の丸焼き

がとどいた。

すぐに、かじりつきたくなるような色合だ。薄暗い部屋の小さな灯りでも、皿にのっている子豚の全身がテカテカと光っている。

ウェイターがやって来て、子豚の皮を縦に四切れ、横に五切れの小さな短冊形に切ってくれる。それに、甜醤、葱、砂糖、薄餅がついている。さて、どのようにして食するのか、その当時は知らなかったのである。

カージャが「こうやって食べるのよ」と言って、二枚の豚の皮に砂糖（ザラメ）を乗せ、その間に、薄餅に甜醤を塗ったものと葱を挟んで食べるのだと言った。薄餅の間に挟むというのではなく、豚の皮で薄餅を挟むのだから、発想の転換をしなくちゃならない。サンドイッチのようにパンの間に挟むというのなら分かるが、豚の皮で挟むなんて驚いた。なんという贅沢。

子豚の皮のパリッとした歯ざわり、甜醤とザラメの甘味と塩味、微かな渋味、葱の軽い刺激のある辛さ、焦げ目の匂い、この世にこんなうまいものがあるものだろうか。いつも、かなりのスピードで食べる方ではあるが、このときばかりは、口蓋にすべての神経を集中し、ゆっくりと食べた。かみしめると歯茎に滲み出てくる子豚の皮の脂が舌筋をくまなく流れていくのを、じっくり味わったのだ。

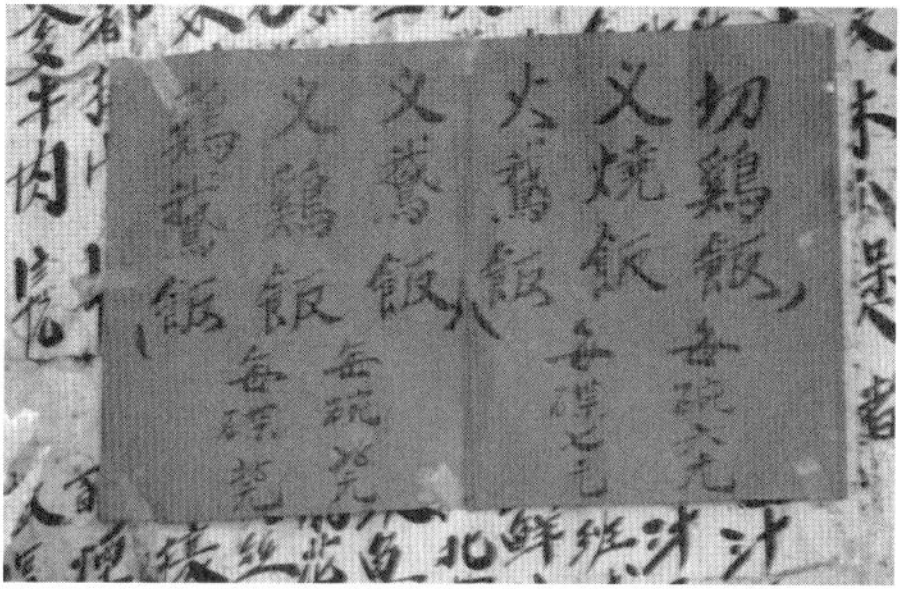
切鶏飯
每碗六元
叉焼飯
火鵞飯
每碟七元
叉鵞飯
叉鶏飯
鶏鵞飯

パンの木って、あるの？

フィジー＊サブサブ

　BBCだったか、スイスの放送局だったか忘れてしまったが、木々の枝にスパゲティが簾《すだれ》のようにぶら下がっている映像を、テレビに映した。

「さあ、スパゲティの収穫時期です。今日から、村は総出でスパゲティを刈り取ります」とナレーションを流したら、それを信じてしまった人がかなりいたというのだ。

　その日は、エイプリル・フールだったとか。


　しかし、南の国ではパンが樹木にぶら下がっている。

　食べたくなったら、木に登り採ってくればいい。

　子供のころ少年雑誌で、「南太平洋の島々にはパンの木がある」という記事を読んだ。なんともうらやましかった。とにかく食べ物の欠乏していたころで、いつも空腹だった。何か食べるものはないかと、犬のようにギラギラしていた。

スパゲティの放映を信じた人を笑ってはいられない。ぼくだって子供のころは、パンの木に焼きたてのパンがなっていると信じていたのだから……。

さて、そのパンの木になっているパンの実は、はたしてどんなものなのか知っている人は、少ないだろう。

それから何十年も経ち、そんな話も忘れていた。

フィジーへ行き、カヤックで島々を巡った。島の泊まった村々で、三食必ず、タロ芋、キャッサバ、甘くないバナナと共に、パンの実を食べた。

「これが、パンの実です」と言われて、奇妙な気持ちがした。忘れていたが、これがパンの実なのか。まさか大人になって、焼きたて

のパンが木にぶら下がっているなんて思ってはいなかったが、緑色の果実のようなものが、パンの実だとはどうしても妙な気分がした。

タロ芋などと同じく澱粉質の塊だ。

緑色の厚い皮に覆われていて、その皮を剥き輪切りにして水で煮るだけである。あるいはバナナの葉などに包んで蒸し焼きにしたりする。

タロ芋は地下茎なのに、パンの実は果物のように枝にぶら下がっている。そんな木が村の中に、まるで庭木のように何本もある。

そのまま放っておけば、次から次へと大きくなっていく。どうも持ち主が決まっていないようだ。

パンの木に登った人が、自分の必要な量をとり、その後数個を落とすと、たまたま通り

かかった人が持って行く。

石を焼き、タロ芋、豚肉、魚とともに蒸し焼きにした時も、目の前の大きなパンの木に登り、パンの実を落とし、よく焼いた石を上に乗せて蒸し焼きにした。

蒸し焼きにしたパンの実は、同じく蒸し焼きにしたこってりした豚肉となんともよく合った。

思い出深い夕食、旅の醍醐味

チリ・ドッグは、チリがボタボタと　アメリカ＊ヒューストン

まだ、後楽園にもドーム球場がなかった頃、アストロ・ドームへ行ったことがある。先が見えないほどの広大な敷地に、何千台もの車が置ける駐車場があり、巨大なドームが夕暮の空を背景に建っていた。

ヒューストンは雨の降らないところだから、宇宙基地としての存在価値があるのだと言われている。それなのに、なぜ天井のある球場が必要なのか理解しがたいと思った。砂漠地帯だから、夕暮れと共に多少は気温が下がるはずだ。なのに、熱気はおさまらない。ここで野球をするのは難しいというより、ここで野球観戦をするのは耐えられない。そこで屋根付きのドーム球場にし、冷房を利かせ、ビールでも飲みながら観戦してもらおうとしたのだろう。

「アストロ・ドームのチリ・ドッグがうまいから、食べてみるといい」と、ホテルでキップを手配してくれたマネージャーが、ホテルを出る時に声をかけてきた。

前に、ドジャース球場のドジャース・ドッグも食べている。これもなかなかうまい。別に比べる気持ちはないが、アメリカのスタジアムのホット・ドッグをできるかぎり食べてみようと思った。

そもそもアメリカでホット・ドッグを売るようになったのは、ニューヨークのポロ球場が最初だと言われている。焼いたソーセージとパンを皿にのせ、そこにマスタードとケチャップを添えて客に出していたのだが、その日はいつもよりよく売れていく。皿を洗う暇もない。頭のいい人間はいるものだ。とっさにパンに切れ目を入れ、そこに焼きたてのソーセージをのせた。そうすれば焼きたてのソーセージも手に持てる。パンをかじり、ソーセージと交互に食べて

いたが、一緒に口にすると何ともうまいものだとわかった。

それをいつ、どうして hot dog（熱い犬）と言ったのか分からないが、何ともユーモラスな名前をつけたものだ。それから、ニューヨークからあまり遠くない高級リゾート地のコニーアイランドで売り出した。その後は、シカゴの博覧会でホット・ドッグとして広まったようだ。そうしてアメリカで爆発的に売れ出したと言われている。

鉄骨の剝きだしの屋根の下に、四つのベースがあり、ブルペンでピッチャーがウォーミング・アップをはじめた。球の音がキャッチャー・ミットにビンビン響いた。

ぼくは、試合が始まる前にチリ・ドッグ

を買いに、最上階へ上っていった。

一つ一ドル数セントはしただろうか？。

馬でも口が入りそうな、なみなみと注がれたコークの紙コップと、紙に包んだチリ・ドッグを手にスタンドに戻った。コークを脇に置き、チリ・ドッグにかぶりついた。ボタボタとチリがあふれ、ジーンズの上に落ちた。たっぷりすぎるチリがドッグにかかっていたのだ。どうやって食べたらいいのか分からなかった。

西部開拓時代に、この地をさまよった彼らが口にしていた、めっぽう辛いチリ・ソースを使ったチリ・ドッグだ。この灼熱の地にふさわしい。

アストロ・ドームの名物になったのもうなずける。

チリ・ドッグ

材料
ラード…大さじ二、牛肉（挽肉）…一キロ、コショウ…大さじ一、クミン・シード…大さじ一、ニンニク（みじん切り）…三片、チリの粉末…大さじ四、トマトの水煮…二缶、タマネギ（大・みじん切り）…二個、小麦粉…大さじ二

作り方

① 鍋にラード、タマネギ、ニンニクを入れ、じっくり炒める。しばらくしたらクミン・シードをくわえ、炒める。

② 牛の挽肉を1の鍋に入れ、水分が無くなるまで強火で炒める。水分がけっこう出るものだ。

③ 水分が無くなったらトマトの水煮を加え、焦げつかないようにときおり混ぜながら煮る。

④ チリの粉末を加えて煮る。辛いものが好きな人は唐辛子を何本か入れるとよい。

⑤ このままだと、とろみが少ない。小麦粉を入れてとろみをつける。

⑥ とろりと、しかもピリッとしたチリの出来上がりである。この艶を見よ。スパゲティにかけると、これがまたうまい。シンシナティと言う。

ブイヤベースの元祖

ギリシャ＊サントリーニ島

海岸線のあるところなら、魚のスープはいろいろとある。

イタリアの海岸線は、全体の耕作面積の狭さに比べ、異常に長い。当然、漁獲量も多いし、魚介の種類も豊富である。ズッパ・ディ・ペッシェといって、いろいろな魚とトマト入りのスープがある。

ポルトガル、スペイン、中国、インド、メキシコ、ブラジル、南フランス……とにかく海に囲まれていれば、いずれの島々、半島にも、魚を使ったスープがある。

ギリシャのサントリーニ島は、他の島々のように紺碧の海に抱かれた島だ。ここにもやはり魚のスープがある。

ぼくらが泊まっていた小さなホテルのおばさんに聞くと、カカビア（魚のスープ）がブイヤベースの元祖だという。そんな話を聞くと、こちらもいささか興奮する。

島の南の端の小さなホテルから、海岸沿いに歩いて五分もかからない。そんな近く

にタベルナがあり、そこのカカビアはうまいと言う。

タベルナとは、日本語の音からするとおかしいのだが、レストランである。

その店は、ちょっと強い風が吹けば波に洗われるのでは、と思われるほど海岸に近い。子犬がミルクでも飲んでいるような、ピチャピチャという波の音が、聞こえてくるほどだ。テーブルのすぐ下まで波が動いている。

このタベルナは、毎日海に出て漁をしてきた魚を食べさせてくれる。間違っても、冷凍庫から出したものなど使わない。

この店の専属の漁師のおじさんがいた。

名前はなんていったかなァ。アルキメデスじゃない。プラトンじゃない。とにかくよく知っている哲学者の名前だった。そのおじさんは、褐色の顔から白い歯を見せ、いつもヘラヘラ笑っている。およそ名前と似つかわしくなかった。だが、名前を思いだせない。

今日のカカビアは、カサゴとメバルの中間のような、けっこうな大きさの赤い魚だけを使っている。そして人参、タマネギ、パセリ。味付けは、塩とコショウ。単純明快。サフランは使わない。水で煮立てたスープと魚は、別々に盛り付けてある。ほほう、やはりそうだったのか。

マルセイユの石畳の波止場を見渡せるレストランで、ブイヤベースを初めて見た時、ギャルソンの手にしていた皿に、黄色い魚が山のように積まれていた。これはブイヤベースじゃないんじゃないかと、思ったものだ。しかしこれが、ブイヤベースだという。

盛り上げた魚をテーブルに置き、別に恭しく陶磁器の大きなスープボウルを持ってきた。その中に目

の前の魚を煮たであろう、黄色いスープが入っていた。それまで東京のレストランで口にしていたのは、魚がスープの中に入っていた。それとは全然別のように思えた。

カカビアも、やはりマルセイユのブイヤベースと同じで、魚とは別に、ボウルにスープがはってある。

ここの島の白ワインが、なかなかすばらしい。カカビアを食べながら、冷たい白ワインを飲んだ。

濃厚なカカビアは、白ワインで口をさっぱりさせながら食べたほうがいい。

旅をしていてこんな料理に出会えるのは、旅の余得だ。

イタリア＊サルディニア

カラマーリの感慨

Fritto di Scampi e calamari. イタリア語で、スカンピとはエビ。カラマーリとは、イカのことである。フリットとはフライ。

イカとエビのフライは、イタリア人はかなり好きである。揚げ方がよければ、実にうまい。塩とレモンをたっぷり絞って食べるのだ。

だが、イタリアでさえ、うまいイカとエビのフライになかなか出会うことがない。どうしてなのかと首を傾げてしまう。火を通しすぎたイカは、大きなゴムバンドをかじっているような嫌な気分になってしまう。実に情けなくなる。

イタリアのレストランでも、すべての料理がうまいというわけにはいかない。仕事できていると、いつもいいレストランばかりを厳選するというわけにもいかない。

すぐ目の前のレストランにとびこみ、食事をすることだってある。いや、そのほうが多いかもしれない。そんなレストランでひどい料理を食べさせられ、うんざりすることだってしばしばある。

料理は、火の芸術だと思う。

火の使い方一つで、料理の出来がちがう。もっとも火の使い方がうまい人種は、中国人だろう。

日本人は、あまり料理に火を使わない。

欧米人は、火をだらだらと無駄に使っている。

肉料理は別にして、なぜ、野菜や魚は火を使いすぎてしまうのだろう。皿の上の無残な料理を見て残念に思うことがしばしばある。このイカのフライも、ときどきひどいやつにぶつかる。

イカは、火を通すほど肉質が硬くなり、ゴムのようになってしまう。イカの天麩羅は油に、さっと通すぐらいでいい。ちょっと火（熱）が通りすぎているのが大半だ。

アンティパストのなかにも、火（熱）を通しすぎたものが多い。

メインの魚介類のグリリア・ミスト（いろいろな魚介類を焼いたもの）も、火を通しすぎていることがある。肉を焼かせればほどほど上手なのに、魚となるとたちまちダメになってしまうコックも少なくない。西洋人の、魚と肉に対する感覚が違うのだろう。

すぐ近くに海があり、魚介の獲れるところでは魚の扱いがいいが、海の匂いの届かないところでは、魚介の専門店なのにこれでいいのだろうかと、心配することがある。

パーティー・サンドイッチを一人で食う　スウェーデン＊イェテボリ

夏の季節、少女たちが先を競うように着る白いワンピースを見ていると、澄んだ音色が聞こえてくるようだ。

太陽が出ると、野原や海でその白いワンピースまで脱ぎ、裸になりたくなる気持ちは痛いほど分かる。

一年の大半を家に閉じこもっていなければならない生活から逃れ、無窮の空や大地をしたがえ、解放感に浸りたいのだ。それは北欧の冬をすごした者でなくては、分からないだろう。

そのころから北欧では、小さな街や村で祭がくりひろげられる。少女たちは、死んだ大地から吹きでたように咲き乱れる野の花の花冠を作りに、野原に出かけるのである。デージー、キンポウゲ、クローバー、ぼくが知らない紫色の小さな花、野原の精のような可憐な花を、何時間もかけて編むのである。

そんな季節に、また、北欧を訪ねてみたくなり、三年ぶりにスウェーデンの港町のイェテボリに船で入った。

やはり街は、白い木綿のワンピースを着た少女たちで、にぎわっていた。

腕から首にうっすらと日焼けした少女たちが、夏を満喫していた。

ぼくもランニングシャツだけで、夏の光を浴びながら歩いていた。おもしろいものを見れば、カメラを向ければいい。そんな気分の時のカメラマンは、楽しいものだ。

明るいショーウインドウの中に飾られている、花のようなケーキがあった。近づいてみると、ケーキではなく、パンを積木のように立体的に積み上げ、その上にハムやサーモンなどが、花冠のように

飾られていたのだ。こんなに美しく、しかも、無邪気に表現できるものかと、感心した。しばらく眺め、買い求めた。

白い箱に入れ、白い光沢のある紙で包み、濃いネイビー・ブルーの細い紐で結び、手渡してくれたのだ。買いなれているケーキのように重くなく、「軽い」という感じであった。それが不思議な感覚として手に残っている。

ぼくは近くの公園へ行き、サンドイッチを、上から崩さないようにそっとつまんだ。とても一人では食べきれない。多分五、六人用だろう。

ブラブラと街を歩き、ホテルに戻り、シャワーを浴び、ひと眠りした。この数日、いつまでも沈まない太陽のおかげで、深夜まで遊びほうけていたから、睡眠不足だったのだろう。

夕食までベッドに転がっていようと思っていたが、起きたら一〇時になっていた。だが、夜一〇時でも、空は昼間のように明るい。レストランも、まだ、あいている。だが、出かけるのは面倒だ。

窓際に置いてある箱に、サンドイッチが残っている。

ホテルのバーへ電話を入れ、ビールを二本オーダーした。

ビールを飲みながら、大きな窓ガラス越しに見える白夜の空のような濃いネイビー・ブルーの紐を解き、まだ、半分以上も残っているサンドイッチを食べた。

パーティー・サンドイッチの作り方

パン…三〇～四〇枚
ハム、サーモン、ソーセージ、チーズ、パテ、キャビア、イクラ、バター、マヨネーズ、卵、タマネギ、ニンジン、ピーマン（赤、黄色）、トマトなどすべて適宜である。
普通のサンドイッチのように作り、重ねる。写真のように野菜やハム、スモークサーモンなどを花弁のように巻き、中にイクラやキャビアを入れ、飾るだけでいい。

韓国＊ソウル

ミッパンチャンでかなりの酒を呑む

いきなり六、七品の小鉢風なものが、テーブルに次から次へと並んだ。頼んでもいないのになァ、どうしたものか戸惑っていると、これはサービス品なんだという。どんな店に食べに行っても、少ない時でも四品、多いところでは七、八品、いやいや一一品なんてところもある。

チャンオ（鰻）を焼いたものを注文した時も、六品ついてきた。

韓国人は、食卓に丼物が一品なんてことはとても耐えられないのだろう。韓国料理は孤独に弱い。テーブル一杯に料理が並ばなくてはさみしいのだ。朝食も、キムチ二、三品、海苔、和え物、焼き物、煮物、とにかくいろいろな料理が並ばないと、だめである。なんでも多いということが、彼らの食生活の信条なんである。だからレストランでも、一品だけなんてことは耐えられないのだ。

これらの料理は、韓国語でミッパンチャンという。

ミッは「下」という意味だが、「すぐに食べられる」という意味もあるらしい。パンチャンは漢字で書くと「飯饌」。おかずのことだ。副食である。

朝からミッパンチャンをつまんでいると、酒が呑みたくなる。

夜、焼き肉屋に行っても、焼き肉の前にミッパンチャンが供され、たっぷりジンロが呑める。

このミッパンチャンはおかわり自由。半分ぐらいになると、気のきいたところでは元のように足してくれる。だから、いつまでたっても減らないなんてことがある。席を立った客のテーブルには、ミッパンチャンがかなり残っていることがある。「あれはどうするのか」、気になって聞いたことがあるが、捨てるというのだ。まァ、もったいないといえなくもないが……。

ミッパンチャンは、野菜がほとんどだ。

肉があっても野菜と煮込んだものか、ちょっと混ざったもの。今、日常の食卓に肉がふんだんに供されているかというと、そうでもない。肉の消費量はアメリカの五分の一、日本人より少ないと言われている。白菜をあのように巧みに漬物にしてしまうほど、料理の技術は秀でている。彼らの作る野菜料理は、水だけで作る日本の野菜料理よりも、複雑で濃厚である。そんなミッパンチャンがただなのだから、うれしくなるし、栄養のバランスも充分だ。

ミッパンチャンにどんなものがあるか、書いておこう。

どんぐりのムッ（豆腐）、赤貝のコチジャン漬け、トナチム（水キムチ）、レンコンの煮付、キュウリの辛子和え、ラッキョウ漬け、もやしスープ、パジョン（葱のお好み焼き）、野菜サラダ、白菜キムチ、トラジのナムル、ニンニクのキムチ、チケジャン（わたり蟹の唐辛子漬け）、蟹の塩辛、椎茸の煮物、牛肉の醤油煮、ウゴジクッパプ、トコロテン、魚のすり身のあげもの、目玉焼き、カキのチョカル、海老の蒸煮、ウズラの茹卵、イカの刺身、蛸の刺身、生センマイ、豆腐、栗の甘煮、ワカメの酢みそ（テンジャン）和え、ギンナンの油炒め、もやしの和えもの。干明太の和えもの、さきいかの和え物、ししとうの衣和え、青海苔の和えもの。

まだまだ無限にあると言っていい。季節によって、その日によっていろいろなものが出てくる。その店の料理人の機転のようなものがうかがわれる。

ミッパンチャンのうまい店は、メインの料理がうまい店ということになる。

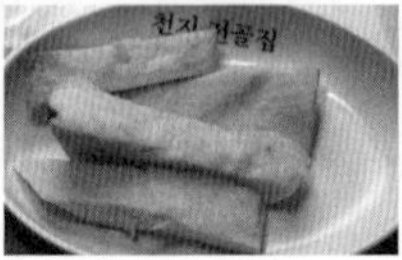
천지

食べてはいけない海亀のサテの味は

バリ＊クタ

デワさんが迎えにきた。彼が育った田舎に行くことになっている。クタから二〇キロのところにあるという。

一〇分も走ると、かなり丈の伸びた稲の田圃が続いている。バリは三毛作であるから、一つの田圃で稲刈りをしていると、その隣で田植えをしているようなことは珍しくもない。向こうでは稲の花が咲いているという具合に、様々な模様が点在している。田圃で農作業をしているのを見るのはひさしぶりだ。こんな風景が心にしみるのは、年をとったせいだろうか。

バリに三回来ているが、こんな田舎まで道路がアスファルトで舗装されているのには驚いた。

数年前までデコボコの泥だらけだった。そのほうが田園の風情があるが、それは遊びにきている男の思いであって、ここで生活している人には、舗装されている方がいいに決まっている。

　そのアスファルトの上を、バイクがケタタマしく走っている。とても考えられない風景になってしまった。そんな人たちを相手に、屋台がところどころにある。

　目立つのは、やはりサテ屋だ。

　まだ、帰宅の時間には早いが、細長い鉄でつくられた箱に炭を熾している男がいた。サテは鶏、山羊、アヒル、豚肉、牛、魚、などがある。

　若い男が、四角い椰子の葉で編んだ団扇のようなもので、パタパタと手を動かし風を送っている。しばらく行くと、女がサテを焼いていた。サテは、竹串にさした焼き肉である。

　車を止め、おりていった。女の後ろは田圃だ。夕暮れに近い淡い光に包まれている。心がなごむ淡い風景だ。

　大きなたらいのはしに、肉片を串に刺したサテをソースに絡めている。「いったいなんの肉か」と聞くと、デワさんは「海亀だ」と言った。

「海亀は禁止されているのでは」と言うと、デワさんはニヤリと笑った。そのニヤリですべてが分かった。そうだろう。いくらおかみが禁止しても、今まで食べてきたものを「はい、そうですか」と、あっさりと止められるようなものではない。

こうやって、「もぐり」で食べさせるところがあるのもうなずける。ぼくは、何としても食べたいと思い、それを一〇本買った。

海亀の肉と、海亀の大きな心臓のかけらがさしてある。車に乗り、そいつをかじった。なかなかうまい。うまい。スパイシーなタレのせいかも知れないが、嫌な臭いはしない。肉は硬くない。うまい。二センチ位に切り分けられた心臓はクセもさほどなく、濃厚でうまい。

一〇本のほとんどを食べた。海亀など食べる機会は、もうあるまい。

後で分かったのだが海亀のサテは、タレがもっとも濃厚なものだという。肉に少しもクセがない。それがたまらないのだ。

海亀の心臓は、解体しても何時間もパクパクと動いているのを見たことがある。それだけの生命力があるのだから、食べれば活力が出るのではないか、という気分になった。

人々が海亀をつかまえて食べる量なんて、たいしたことはない。それより海洋汚染だ。海岸をブロックで封鎖しセメントで固めてしまい、産卵の場を奪ったことが大きい。それから、ビニール袋を海月などの餌だと間違え、食べてしまうのだ。胃を開くと何枚ものビニール袋が絡みつくように入っているという。

そんなことで海亀が死んで行くのを知ると、情けなくなる。人間が食べる量なんて知れている。

バナナの葉に盛られたサテ七〇本を食べつくす

タイ＊チェンマイ

タイにも、サテがある。

薄い肉片を、香りの強い沙茶醬《サーツアジャン》、ココナッツ・ミルク、唐辛子、砂糖、塩など一〇種類ほどの香辛料の混ざった、ピリッと辛いタレをつけて焼くのである。串にさしてある肉は、やや赤みを帯びている。

まず、そのまま焼き、途中でココナッツ・ミルクの色と沙茶醬と唐辛子の赤い色とが混ざり合ったようなタレにつけて焼く。そのタレが入ったホーローびきの入れ物が、サテを焼いているそばにある。ころあいを見はからって、そのタレにつけて焼くのだ。炭火の上にあがる煙が匂う。

この辺でもっともうまいサテを食べさせるところへ行こうと誘われた。しかしレストランというには、あまりに貧しい。椰子の密林とまではいかないが、濃い林の一角を切り開いたようなところにある。建物には、四本の柱があるだけで壁なんかない。

まわりに一〇個ぐらいのテーブルがある。どれもこれもビニールの風呂敷のようなものを鋲で止めてあるのだが、タバコの火でも落としたのだろう、黒く焦げた跡が点々とくっついている。しかも、肘をつくと湿った肌にベタッとくる。そんなものはがしてしまえばいいのにと思うのだが……。

椅子も、まともなものはない。どこかおかしい。テーブルの下は、舗装もしていない大地である。テーブルの脚が土がへこみ椅子やテーブルの脚が突っ込まれ、斜めになっている。

サテの匂いは、たまらない。昼食前だからしかたがないとしても、腹がグウグウいう。情けなくなるほどだ。

「たまりませんね。ここへ入ってくる先の道路まで匂ってきましたよ。ところで何本ぐら

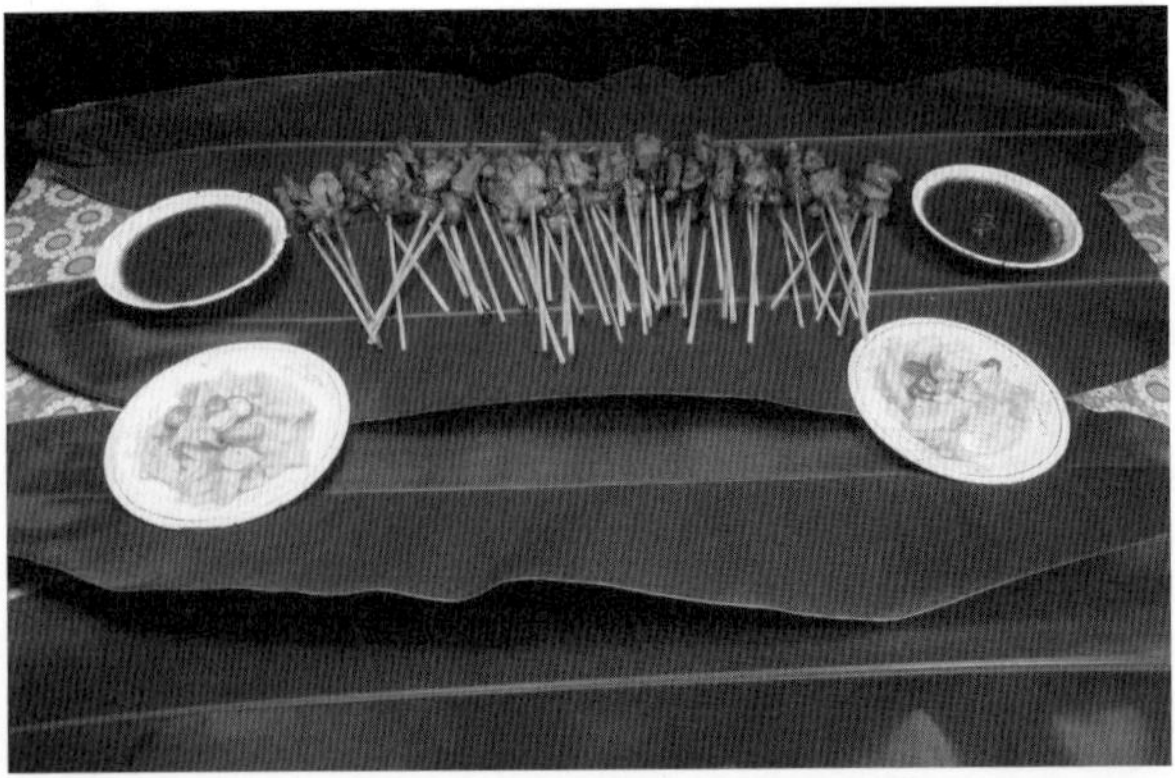

い頼みましたか」と、遅れてきたYさんがいった。

「七〇本ぐらいだよ」

焼きあがったサテが、バナナの葉の上に並べられてきた。

なんと清潔な皿だろう。

串にさされた褐色の小さな肉片と、清々しいバナナの葉。かなり美しい。

タイの東北に来ると、魚でも肉でも菓子やご飯でも、ソーセージでも、およそ食物ならなんでもバナナの葉に包んでくれる。

バナナの葉は三枚ぐらい並べると、小さなテーブルならいっぱいになってしまうほど大きい。

焼きあがったサテを、ココナッツ・ミルク、にんにく、唐辛子のペースト、ピーナッツのペースト、カレー粉、砂糖、タマリンドの汁でつくったソースをつけて、かたっぱしから食べた。

日本から来ていきなり食べたら、そうとう辛く感じるのだろう。だが、連日、猛烈な辛さに遭遇しているので、何を食べてもさほど辛いと感じなくなっている。

タイの料理は、ただ単に辛いだけじゃない。そこには、複雑に絡みあった味がある。

香辛料の使い方の上手さは、西洋料理の比じゃない。特にタイ料理では、東南アジア人の味覚の確かさを思わせる料理にしばしば出会う。何度もしつこく述べるが、ただ単に辛いだけじゃない。複雑微妙。馥郁たるものがある。

サテだけでもかなり辛いが、さらにタレをつけて食うのだから、これは充実している。燃える口の中を静めるために、皿にキュウリ、キャベツ、それに、長いインゲンマメなどを切ったのを一緒に出してくれる。サテをかじり、そのピリッとくる辛さを静める。

口を冷やすために野菜をかじると、辛さが和らぐ。それに、タイのどんな料理にも使う小さな紫色のタマネギが入っている。しかし、用心しなくてはならない。そのタマネギと一緒に刻んだ青い唐辛子が入っているのだ。

辛いが、なんといっても一本の串が小さい。歯で横にしごいて口に入れてしまうと、一口でなくなってしまう。七〇本のサテを食い終えるのは、わけはなかった。

竹串を横にくわえると、自分の中に流れているアジア人の血を感じると言えば大袈裟か……。

グチャグチャグチャ、グウ。

ソムタムは美容食

タイ＊チェンマイ

ソムタムは、パパイヤのサラダである。

エッと、思われる人もいるだろう。

東南アジアではパパイヤ、バナナの花、蓮根の花、椰子の芽などは、サラダにして食べられている。すべて未成熟の蕾や、やわらかな状態の時に食べるのだ。

ソムタムにするのは、熟する前である。果物というより野菜感覚である。熟していないパパイヤはまったく甘くないから、細く切って肉などと炒めたりもする。

このソムタムは、東北タイのもので、とびきり辛い料理の一つだ。

東北タイから出稼ぎにきた女の人が天秤棒を担いできて、注文があると路上で調理してくれるようになり、バンコクでも食べられるようになったようだ。その他にサドワンヤック運河でも、サンパンにのって川を漕ぎながら、商いをしている。この運河で船に乗っている商人や海岸で働いている人が声をかけて近づき、船の中で調理して

いる。
東北タイのこのチェンマイあたりが、本場になる。タイの女性も日本の女性と同じく、自分のスタイルが気になるのだろう。民族衣装を着るには、なんとしてもスリムでなくてはならない。
昼時に、このソムタムを食べていたのはほとんどが女性である。ソムタムと、カウニャンと言われる糯米を蒸したものをつまむのだが、そのカウニャンさえもひかえめであった。ソムタムだけなら、ほとんどカロリーはない。
石臼に川蟹の塩辛と、猛烈に辛い小さな辛子、ピキヌーを入れて叩き潰し、特殊な道具で細くそいだ青いパパイヤを、シャキシャキと叩き、ナンプラーを注いでいた。それを混ぜ合わせる。

口から火が出るほど辛い。鼠の糞と呼ばれている小さなピキヌーのせいだ。しかし、なんとも清涼感がある。やや透明感のある青いパパイヤの細切りと、ナンプラーの風味に、すっきりしたマナオの柑橘の汁のせいだろう。

サラダとしては、もっともユニークなものだ。

五月二六日の噴汗ディナー　タイ*バンコク

その店には屋根があるというだけで、ドアなんかない。四方が入口であり出口である。どこから外でどこから内なのか分からない。ただ調理する台は移動する車がくっついていて、一日の営業が終わると、そのまま調理道具など一式をしまい込み、家に帰るのだろう。

夜になっても気温はたいして下がらない、昼間のように湿気があり、あたりが暗くなっただけ重く澱んだように熱い。食欲なんか起きてこない。

タイでは、こんな夜が、ほとんど一年中続くのである。

家庭の食卓に出されるような品々が、入り口近くに洗面器のような入れ物に盛られ、ずらりと並んでいる。完全に料理されたものもあれば、素材、そのものだけというのもある。注文があれば、すぐに温めて食べられるというものもある。

一段ずつ高くなっている棚には、さまざまな料理が裸電球の光に照らし出されてい

る。大半の料理には、赤い唐辛子がいくつも浮いている。汁も、いかにもピリッとしているように赤く、さまざまな香辛料の混ざりあった油脂の波紋が見え、すべての料理が煮汁のなかにどっぷりと漬かっている。

大きな頭の獅子マークのビール瓶と、氷のびっしりつまったコップがきた。ここに冷蔵庫はない。ビールを冷やすのは氷だ。この氷が危ないのだ。しかし冷たくないビールを飲むくらいなら……、どうにでもなれ。注ぐたびにアワアワアワアワと綿のような泡が、コップのフチまで上がってくる。泡がおさまると注ぎ足す。冷たくなるまで待つ。ビールを何本か飲んだ。汗が流れる。胃が動きはじめた。少々腹もすいてきた。メニューらしきものはない。

タイにくる前に留学生に何品か料理の名前を聞いていたのだが，とっさに思い出せなかった。

隣の男は魚を揚げたものを食べている。それを注文した。タニシのような小さな巻貝を茹でたものがある。頼んでみたが、これはひたすら辛く様々な香草の風味がして、ビールと合う。つぎに肉料理、野菜料理と、他の客の食べている料理を見て、五、六種類頼んだ。肘をつけばガタピシするようなテーブルの上に次々に料理が並ぶと、急に食欲が出てきた。

ローストしたアヒルを小さく切って、汁がかぶるほどに漬かっている一皿を肴にして、また、ビールを飲む。ピリッとしているのだが、かみしめるとアヒルの皮と肉から脂肪がジュジュ、ジュワーッと歯茎の間に滲み出てくる。これはウマイ。そして皿には溢れんばかりのスープが張ってあり、苦瓜に挽き肉をつめて煮たのか蒸したのかわからないものが、入っている。一口飲む。淡白だがコクのあるスープである。瓜をかじる。苦瓜がとろりとしていて歯応えも残っている。挽き肉の濃い味。これは、東洋人の繊細な舌のみの感知しえる味なのかもしれない。

その夜に食べた他の料理を書いておこう。

豚肉をナンプラーで煮て、ショウガの千切りをたっぷり乗せたもの。鹿児島の黒豚を煮た料理の角煮の上にも同じような針ショウガが散っていたが、それとまったく同じ使い方だ。

何という魚か知らぬが、野菜と煮たもの。ぼくらの日常の食卓に出てきてもおかしくないほど口に合うものばかりであった。だがやはりエスニックだ。

それにしても熱い。香辛料の辛さと熱い料理も悪くない。

闇の中に内包する熱がある。壮絶な汗をかいた。食事中、噴出する汗が皿の上に落ちた。

食の壮快感。

香港＊アバディーン
船上の食卓

何艘かとの交渉の後に、ある船の船尾に乗りこんだ。

船の床には、厚い板張りの空間があった。そこは乾魚を作る作業場であり、食事をし、その後に麻雀などゆったりとした時間を費やす場所でもあり、さまざまな祭事の祭壇ともなる場所でもある。

訪れる前の灰色の汚れた船のイメージと、現実に船の中に座した時のあまりの隔たりに少なからず驚いた。

彼らの生活空間の床は古い欅か樫なのか、その磨きあげられた床板には小さなゴミ一つ見当たらず、香港の街中の喧騒と混濁に慣れきった身には、この上もなく心地良いものであった。

彼らはアバディーンの水上生活者、梁有志、志明さん兄弟である。海で獲れた魚を船の床の上で濃い塩水に漬け、屋根の上に干す。「泥猛魚」というこの乾物を作り、

売ることが彼らの生業なのだ。彼らは買い求めた魚を、元値の数倍程にして売るのだと教えてくれた。彼らの生活は、かなり恵まれているように思えた。事実、志明さんの奥さんの手料理からも、それはうかがえる。

「蒸泥猛魚」は、自家製の乾魚を蒸したもの。彼らは食べ飽きたと言いながら、ぼくだけに作ってくれた。ちょっぴりの塩味、乾魚の凝味。

「蒸烏魚」は、イカなのかと思いきや、なんと飛魚なのだ。飛魚を梅肉と葱、ショウガと一緒に蒸したものである。よく調律された酸味。うまい。

実は、この魚を蒸す時にちょっと奇妙な光景を見た。ご飯を炊いている釜の蓋を開け、そこに五徳状のものをのせ、その上に魚をのせた皿を置いた。一緒に蒸してしまうのだ。あまりにも合理的ではあるが、ご飯が生臭くなりはしないか、と心配した。しかし、まったくそんなことはなかったのである。

「西蘭花炒牛肉」。西蘭花はなんとブロッコリー。ただ肉とあったら中国では豚肉で、他の肉の場合は、牛肉とか、羊肉と記すことになっている。ブロッコリーと牛肉とブロッコリーの炒めものだった。ブロッコリーをまずゆでるのだが、その時に、お湯のなかに少々の塩と植物油をタラタラと垂らすのだ。なるほど、こうすればブロッコリーを手早く色鮮やかに、しかも水っぽくせずにゆでることができるわけだ。

他にイカを炒めたものなど数品が出た。「猪生菜油」は、豚のレバーと野菜のスープである。水でゆでただけかと思われるほど淡白である。濃厚な料理に疲れた舌をやさしくなでてくれるようだ。

ぼくはこの船で料理を作ってくれるように頼んだ時、普段食べている家庭料理を作ってくれるようにとお願いしたのだ。

いずれの料理も、かなり名の通った酒楼（レストラン）よりもうまかった。しかもその手際よさ、並べられている料理に曲線あり、直線あり、濃さ、薄さがあり、その組み合わせを考えた料理人の心遣いに感心した。ぼくは満喫した。

「ごちそうさまでした」

「清蒸海鮮」の思い出　香港＊ホマンティン

四十数年前に、ヨットの写真を撮るためにオーストラリアに滞在していたことがある。

二十代後半の頃の、半年の滞在だった。

いつもレストランで食事をというわけにはいかない。金が続かない。そこで、今でいうコンドミニアムのようなところに寝泊まりをしていた。そこの台所で、自炊をすることにした。

毎日、ステーキとパン、安いワインという食事が、半年つづいた。

毎日ステーキだなんてなんと贅沢な、と思われるだろう。しかし、当時のオーストラリアでは、上等な肉でなければ安いものであった。

金のないぼくには、肉以外のものは食べられなかった。やっと一冊の写真集になるほどの写真を撮り、帰ることになった。

日本へは香港を経由して帰ることにし、立ち寄ってみることにした。

一日か二日香港の街を見物でもしてみよう、と思ったのだろう。

特別、食べ物に興味があったわけではない。まだ、若いぼくの舌はたいしたものを味わってはいなかった。

香港は、半年間滞在していたオーストラリアの白人社会のような、無臭で整頓された清潔な街並ではなかった。

空港からして食物の匂いがした。

どこにいても、こちらが恥ずかしくなるほど「食」の露出している街である。

匂いで、食欲を揺すぶられた。

その日から、食に淫した。

金はないが、安い屋台でいろいろなものを食べるために市場を彷徨し、半年間の単純な食生活の不満を取りかえすかのように、食べ歩いた。ぼくの幼稚な味覚は一気に拡げられた。食味開眼である。

こうなっては、女に溺れた男より始末がわるい。

一日二日ほどと思っていたが、「もっとここにいてうまいものを食べていたい」、もう、それしか考えられなかった。当然、半年の滞在で金は使いはたして懐は乏しい。

ちょっと、待てよ。

よく考えてみれば、カメラがある。これを売ればいい。カメラを一台売り、レンズを一本、二本、と売りながら、一週間ほど食べ歩いた。

ある娘と知りあった。名前は秀蘭といった。持っていたカメラやレンズを売りに入った店の娘であった。その娘と自然と話をするようになり、デートをすることになった。

ぼくだって当時は、若い青年である。

秀蘭の母親は、日本人だった。父親は子供のころ、中国本土から逃げてきた人であった。彼は日本から中古のカメラ、安いカメラを大量に買い付け、売りさばいていた。

秀蘭は、美しい人であった。並んで歩くだけで、香港の街は不思議な楽しみに満ちてきた。

今でも、克明に歩いた道筋を思い出すことができる。ときおり小さな店で飲茶をしたり、中国菓子を買ったり、紅、緑、黄色に塗られた華美なお寺に入ったりして、夕暮までただ歩いた。

ぼくは、もうわずかな金しかなかった。明日は、東京に帰ることになっていたのだ。

そのことは秀蘭も知っているが、ぼくの懐具合までは知らない。

小さなレストランに入った。

そこは何度か家族できている店らしく、店の人とも顔見知りであった。

ぼくは得意であった。こんな美人とここで食事をできるなんて……。

秀蘭が、料理の名前をいくつかあげた。その中の一つが「清蒸海鮮」。金のことが気になる。しかし、最後の夜である。「どうなってもいいや」という気持ちであった。「清蒸海鮮」は、葱、ショウガのかけらを散らして魚を蒸したあと、煙が出るまで熱した胡麻油と醤油を注ぐのだ。その夜の魚はイシモチだった。

ジャージャーという音が、盛大にする。それだけの料理であるが、これがなんともいえない香りがする。

「ダメ、ダメよ、そんなことしちゃ」

ぼくは、長い象牙の箸の動きを止めた。皿の上の大きな魚の身の下に、ぼくの箸がある。しかし、その声の意味がわからない。

龍の絵がいっぱいに描かれた皿の上に、イシモチの清蒸がのっている。半身は食べ、太く白い中骨が見えている。もう、食べるところは中骨の下にしかない。

止めていた箸で、再び魚を裏返そうとした。

「ダメよ。ダメ。縁起が悪いわ」と秀蘭は、強い調子で言う。

いつもとは様子が違う。ぼくは当惑してしまった。

「魚を裏返すなんて、とてもいけないことなの。中国人はとても嫌うのよ。だからやめて」

ぼくは、だまって妙な顔をしていたに違いない。

「船が、ひっくりかえるんですって」

船がひっくりかえるところから、すべてのことがうまくいかなくなるという意味になると言うのだ。

「骨を、上からはずせばいいのよ」

ぼくは、魚の下にあった箸を離し、中骨の間に入れて骨をはずした。

秀蘭のほっとした白い顔があった。

それからぼくは、毎年、香港へ出かけて秀蘭と食べ歩いた。

どれほど食べただろう。

中華料理のメニューがすっかり読め、一目見ただけで料理方法から、その料理がどのようなものであるかまで分かるようになっていたくらいだ。

ここで落語だったら、「それから、二人はどうなった」ということになろう。

「いや、熊さん。どうなったもないよ。遠いってのはいけませんャ。ふられっちゃいました」あの時、魚はひっくりかえさなかったんだけどなァ……。

もっとも安い食べ物が、もっともうまい

この文庫に収録した六三本の文章は、一九九七年から二〇〇〇年まで日経新聞の「フードは語る」という連載や他の雑誌のコラムを中心に、「安くてうまい食べもの」だけを選んだものである。

新聞では五〇〇文字で完結しなくてはならないし、雑誌のコラムでも文字数に制限がある。また写真家であるから、そのスペースの中で写真が一枚要求される。そうなると、どうしても書き足りないところが出てくる。それを補いたい、もっと知ってもらいたいと感じていた。だから、この本では、掲載できなかった文章を足すことができた。

外国に出るのは、企業のカレンダーやコマーシャルの撮影であることも多いから、もちろん仕事となる。いつもいいタイミングで、レストランで食事というわけにはいかない。昼食時になっても撮影中ということの方が普通だ。移動中に食事をしたくとも、レストランが開いていないときもある。次の街のレストランに行くまで空腹に耐えられなくて、そんなときには目の前を通った屋台や、天秤棒を担いで売り歩いているおばさんを呼びとめて、買ったりすることになる。

この本に出てきたような食べ物の他にも、フィッシュ・アンド・チップスや、甘くないクレープ、饅頭、タコス、様々な果物などを口にした。

雑誌の取材で、昼夜と贅沢なフルコースの日々が続くこともある。そんな時でも、気になるのは、その国の人たちが手軽に食べているものだ。スポンサー付きのレストランでの食事は豪華であっても、記憶に残っていないものだ。不思議なことに旅を終えて、舌の記憶に深く残っているのは、ポケットの小銭で払えた食べものが多い。

もちろん、ぶらりと自分で海外に出かけることもある。この中にも、そんなぶらり旅で見つけた安くてうまいものが入っている。遊びでも身銭を切ったもののほうが、身につくと言われている。自分で興味を持って、自分で選んだ食べものだから曖昧でなく、今でもしっかり覚えている。

ここには書いてはいないが、どう考えても、どうしてこんなものを食べるのかわからないという非日常的な食べものに出会うこともある。世界は狭いようで、広いと感ずる。トランスポートの時間が短縮されただけで、やっぱり世界は広い。

動物の世界では、ライオンは肉しか食べない、キリンは草しか食べない、同じ木の葉であってもコアラは、毒のあるユーカリの葉しか食べない。人間も食べ物にはじつに保守的である。国境という線を越えると、まるで違う食域になる。人間は保守的であったから、その国のうまいものが国旗のように残っているのだ。もっとも端的な例は、イスラム教徒は豚肉は食べない、ヒンドゥー教徒は牛肉は食べない、ということだ。バングラデシュでは、何万人という餓死者が出ても、一切れの豚肉も食べなかったと言われている。

特に小銭で口にできる食べものは、国境を越えると言葉と同じように受け入れないのだ。何でもかんでも世界中の料理を怪獣のように食べまくっているのは、どこかの国だけである。

どうして安い食べものが、もっともうまいのだろうか。話は簡単だ。その料理を作る食材が、その国でもっとも大量に、しかも安く手に入るからだ。気の遠くなるような昔から、そこで手に入りやすい食材で作られてきたものだ。調理法が、これ以上どうにもならないくらい洗練されているはずだ。そして大量に手に入る材料は、その国の気候にあっているから無理がない。うまいものを食べるにはその国で調理されたものを、その気候の中で食べるに限る。

外国で日本料理を何度か食べたことがあるが、料理の腕が稚拙なのは仕方がないとしても、食材の違いも大きいと感じた。胡瓜や茄子などの野菜や、魚もまったく違うものだ。それは気候が違うことで、違う食材になってしまうと言っていいと思う。

この原稿を、ポール・ギャリコの詩に写真を付した本『猫語のノート』の担当者、筑摩書房の喜入冬子さんに託し、それを文庫編集部に見てもらったところ、安く手軽に食べられるものの話をまとめて出版したいという意向を聞いた。てっきり男の編集者だろうとおもっていたら、女性であったから面食らった。

この原稿の橋渡しをしていただいた喜入冬子さんと、この本の編集にたずさわっていただいた羽田雅美さんに謝意を述べたい。

二〇一四年九月八日　　西川　治

本書は、文庫オリジナルです。

ちくま文庫

世《せ》界《かい》ぶらり安《やす》うま紀《き》行《こう》
——もっとも安《やす》い食《た》べ物《もの》が、もっともうまい

二〇一四年十月十日　第一刷発行

著　者　西川治（にしかわ・おさむ）
発行者　熊沢敏之
発行所　株式会社　筑摩書房
　東京都台東区蔵前二—五—三　〒一一一—八七五五
　振替〇〇一六〇—八—四一二三
装幀者　安野光雅
印刷所　三松堂印刷株式会社
製本所　三松堂印刷株式会社

乱丁・落丁本の場合は、左記宛にご送付下さい。
送料小社負担でお取り替えいたします。
ご注文・お問い合わせも左記へお願いします。
筑摩書房サービスセンター
埼玉県さいたま市北区櫛引町二—六〇四　〒三三一—八五〇七
電話番号　〇四八—六五一—〇〇五三

ISBN978-4-480-43219-3　C0195